세종대왕도 수학공부를 했을까?

세종대왕도 수학 공부를 했을까?

지은이   장혜원

펴낸이   박문규

펴낸곳   **KM** 경문사

펴낸날   2012년 2월 10일 1판 1쇄

           2012년 12월 1일 1판 2쇄

등 록   1979년 11월 9일 제313-1979-23호

주 소   121-818, 서울특별시 마포구 와우산로 174

전 화   (02)332-2004 팩스 (02)336-5193

이메일   kyungmoon@kyungmoon.com

ISBN 978-89-6105-390-7

★ 경문사 홈페이지에 오시면 즐거운 일이 생깁니다.

    http://www.kyungmoon.com

1 2 3 4 5 6 7 8 9 10

세종 대왕도 수학 공부를 했을까?

장혜원

KM 경문사

글을 시작하며

여러분은 어느 과목을 가장 좋아하나요? 국어, 체육, 미술, 음악, 과학……? 자기 취향에 따라 좋아하는 과목도 다르고 물론 어느 과목을 잘하는지도 다르겠지요. 수학은 어때요? 수학 공부를 재미있어 하는 사람도 있을 테고 정반대의 사람도 있을 거예요.

그렇다면 옛날 사람들은 수학 공부를 했을까요? 했다면 어떤 수학을 어떻게 공부했을까요? 그것을 수학의 역사, 즉 수학사라고 하지요. 오늘날의 수학이 있기까지 어떻게 발달하고 변화해 왔는지 알아보는 것은 선조들의 수학적 업적이나 수학 탐구 방식을 알아 간다는 것에 의미가 있을 뿐만 아니라 결과적으로 오늘날 우리가 배우는 수학적 지식의 근원을 생각해보고 비교해볼 수 있는 좋은 기회가 될 거예요.

그런데 지금껏 우리가 알고 있는 수학의 역사에서 주인공이었던 사람은 서양 사람이었어요. 피타고라스, 아르키메데스, 파스칼, 가우스 등등. 한

수학에 날개를
달아요.

번쯤 들어봤음직한 유명한 수학자들이에요. 그러면 홍정하, 이상혁, 경선징, 남병길과 같은 이름은 어때요? 우리나라 사람인 것은 분명한데 들어본 이름 같기도 하고 처음 듣는 이름 같기도 하고, 누구인지 잘 모르겠다고요? 《구일집》, 《익산》, 《묵사집산법》, 《측량도해》…… 이런 용어도 익숙하지 않고요. 우리의 전통 수학에 등장하는 주인공들의 이름이고 그들이 쓴 수학책 제목인데 말이에요.

우리의 전통 수학이 시대에 따라 발전해왔고 조선시대의 경우에는 우리의 선조가 쓰고 공부한 수학책이 지금까지 전해지고 있음에도 불구하고 우리는 너무 무관심했던 것 같아요. 이 책에서 알아보려는 것이 바로 우리 땅에 살았던 우리의 선조들이 공부한 수학에 관한 거예요. 오늘날과 같은 수학은 아닐 거예요. 그러나 유사한 점도 찾을 수 있을 거예요. 수학이라는 날개를 달고 시간 여행을 떠나볼까요? 출발합니다.

차례

조선시대

1

고대부터
통일신라시대까지

옛사람들은 어떻게 수를 헤아렸을까?

먼 옛날 사람들은 수를 헤아릴 줄 알았을까요? 동물 가운데 코끼리나 돌고래, 그리고 인간과 유전자가 99%나 닮았다는 침팬지는 어린 아이에 견줄 만한 높은 지능을 갖고 있는 것으로 알려져 있어요. 그러니까 동물도 수를 헤아릴 줄 아는데 만물의 영장인 사람이 옛날이라고 해서 수를 헤아리지 못하지는 않았겠죠. 그렇다면 어떻게 수를 헤아렸을까요? 또 얼마까지 셀 수 있었을까요?

뻐꾸기에 대한 이야기를 들어봤어요? 자기 알을 다른 새 둥지에 낳는 얌체 말예요. 뻐꾸기가 남의 둥지에 알을 낳았을 때 둥지 주인이 자기 알의 수를 정확히 알고 있다면 뭔가 이상하다는 낌새를 알아차리겠지만 불행하게도 새들은 서너 개까지밖에 못 헤아린대요. 네 개가 넘어가면 다 똑같이 많은 것으로 보이는 거예요. 만약 옛날 사람들도 그 정도까지밖에 셀 수 없었다면 아마도 이런 대화를 주고받았을지도 모르겠어요.

"너희 형제는 몇 명이니?"

"응, 넷보다 많아."

"우와, 헤아릴 수 없을 만큼 많구나."

이렇게 넷이 넘으면 다섯이든 열이든 모두 많다는 말이에요.

여기서 흥미로운 것은 우리가 얼마든지 큰 수를 셀 수 있지만 사실 한 번에 파악하여 기억할 수 있는 수의 개수는 서너 개라는 거예요. 그래서 차의 번호판을 보면 기억하기 쉽게 번호가 네 개 이하의 숫자이고 전화번호처럼 더 많은 수를 읽을 때는 네 자가 넘지 않도록 끊어서 읽는 거예요.

그런데 만약 형제들이 다섯보다 많을 때 모두 모였는지 아닌지를 어떻게 알았을까요? 이런 방법은 어떨까요?

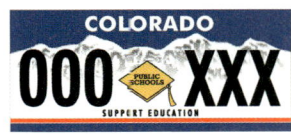

차 번호판을 보면 사람이 기억하기 쉽게 세 자, 네 자이거나 끊어서 표시했어요.

형제들에게 돌을 하나씩 나눠주었다가 걷은 다음 다시 한 자리에 모일 때 모아두었던 그 돌을 다시 나눠주는 거예요. 그때 돌이 남으면 모두 모이지 않았다는 뜻이지요. 사람과 돌을 하나씩 짝지어 딱 맞는지를 확인하는 방법이에요. 그래서 계산법을 뜻하는 캘큘러스 calculus라는 말이 라틴어로 '조약돌'이라는 말에서 나왔다고 해요.

그렇지만 돌을 사용하면 빠짐없이 모두 모였는지를 확인할 수는 있지만 몇 명인지를 알 수는 없어요. 그렇다면 옛날 사람들은 처음에 어떤 방법으로 수를 기억했을까요? 손쉽게 이용할 수 있는 손가락이나 그 밖의 몸의 여러 부위가 동원되었을 거라고 추측할 수 있지만 분명한 건 누구도 알 수 없어요. 그럼 당시의 상황을 한번 가정해 봐요.

여러분이 표류하여 아무도 살지 않는 무인도에 홀로 남게 되었다고 상상해보는 거예요. 무인도에는 달력도 시계도 없으니까 어

calculus
원래 뜻은 '계산할 때 사용하는 돌'인데, '수를 세다'는 의미가 더해지고, 다시 '계산'이란 뜻으로 변했어요.

떻게 시간이 흘러가는지를 알 수 없어요. 그때 여러분이 무인도에서 얼마나 살았는지를 알기 위해서는 어떻게 해야 할까요?

　달력이나 시계는 없지만 무인도에서도 아침에 해가 뜨고 저녁에 해가 지면 하루가 지나는 것을 알 수 있지요. 하루가 지날 때마다 표시를 해 두는 거예요. 어디에 표시하면 좋을까요? 모래사장은 넓긴 하지만 거기에 표시하는 건 별로 좋은 생각이 아닌 것 같네요. 파도가 밀려오면 모두 쓸려가고 말 테니까요. 나무나 바위에 표시를 하는 게 좋겠어요. 하루가 지날 때마다 금을 하나씩 긋고 닷새나 열흘이 지날 때마다 금의 길이를 달리해서 길게 긋거나 방향을 반대로 해서 긋는 거지요. 그렇게 하면 무인도에서 얼마나 지냈는지 알 수 있겠지요? 물론 누군가 구해주지 않으면 다 소용 없는 일이겠지만.

옛날 사람들도 처음에는 이 방법을 썼을 거예요. 금을 긋거나 정해진 표시를 해서 헤아리기 어려운 큰 수가 얼마큼 되는 것인지 알아내고 또 기억하려고 했을 거예요.

실제로 아프리카 콩고에서는 많은 금이 그어져 있는 동물의 뼈가 발견되기도 했어요. 발견된 지역의 이름을 따서 이상고 뼈라고 불리는 이 뼈는 기원전 2만 년쯤 전의 구석기 시대 것으로 추정돼요. 그러니까 구석기 시대의 사람들은 동물의 뼈 등에 눈금을 새겨서 수를 헤아렸다는 것을 알 수 있어요.

이상고 뼈
아프리카 콩고에서 발견된 동물 뼈. 뼈에 /// 같은 금이 그어져 있어 수를 세는 데 사용한 것으로 생각해요.

새로운 계산 방법과 도구가 필요했어요

고대를 구분하는 네 시대의 이름을 들어보았지요? 구석기·신석기·청동기·철기 말이에요. 사람이 만들어 쓰던 도구 재료에 따라 시대를 구분한 것이지요. 돌을 다듬어 쓰던 석기 시대, 청동으로 칼 등을 만들던 청동기 시대, 철을 사용한 철기 시대 등 고대의 인류는 오랜 시간을 두고 점차 문명을 발전시켜 나갔어요. 문명이 발달하면서 생활은 점점 편리해졌고, 그것을 뒷받침하는 수학은 자연스레 조금씩 복잡해지기 시작했어요.

처음에는 생활이 단순하니까 수를 세는 데 간단한 표시 방법만으로도 충분했어요. 그러나 인구가 늘어나고 그에 맞게끔 의식주의 규모도 변할 수밖에 없으니까 다루어야 하는 수나 계산이 복잡해질 수밖에 없었어요. 그건 우리 조상도 다르지 않았어요.

간단한 수를 헤아리기 위해서라면 나무나 동물의 뼈 등에 금을 긋거나 표시를 하면 되지만 제법 복잡한 수를 헤아리고 계산을 하기 위해서는 도구가 필요했어요. 지금이라면 계산기를 두들기면 금방 빠르고 정확하게 계산을 할 수 있겠지만 옛날 사람들은 계산기가 없잖아요. 그러면 어떻게 복잡한 계산을 했을까요? 오늘날과 같은 계산기는 아니지만 편리하게 사용할 수 있는 새로운 계산 도구를 만들어 냈어요. 어떤 도구인지 알아보아요.

그 도구는 우리나라에서 처음 만든 게 아니에요. 중국에서 만든 거예요. 서양의 수학이 서양 문명의 요람인 그리스에 큰 빚을 지고 있는 것처럼 동양의 수학은 중국에 큰 빚을 지고 있어요. 그러니까 서양의 수학이 그리스에서 정리되어 아라비아나 유럽 곳곳으로 퍼져나간 것처럼 동양의 수학은 중국에서 정리되어 우리나라나 일본 등으로 전해졌어요.

물론 그리스나 중국에서 전해졌다고 해서 그것을 받아들인 나라들이 그대로 사용한 것은 아니에요. 자기 나라의 환경과 형편에 맞게 고쳐서 사용했지요. 그건 아무리 좋은 옷이라도 몸에 맞지 않으면 입을 수 없는 것과 같아요.

그리고 이 도구는 중국에서 만들어졌으니까 그 이름은 한자겠지요. '산(筭)'이라고 해요. 우리나라 수학책에도 이 도구를 '산(筭)'자로 썼는데, 후손들이 산대, 산목, 산가지 등의 이름으로 부르고 있어요. 이제부터 이 도구를 산대라고 부를 거예요.

산대를 처음 만든 것은 중국의 주나라로 추측되어요. 주나라는 기원전 10세기 정도에 세워져 기원전 256년에 멸망했으니까 지금으로부터 약 3000년 전에 있던 아주 오래 전 국가예요. 그렇게 오래 전인데도 주나라 때는 많은 제도와 법이 만들어졌어요. 여러분도 잘 아는 중국의 성인 공자가 가장 존경하고 본받으려고 했던 사람이 주나라 초기의 문왕이에요. 주나라 때 만들어진 것 중 하나가 바로 산대이고 이 도구의 탄생으로 이후 동양 수학이

주(周)나라
주나라는 기원전 10세기경부터 기원전 256년까지 중국에 존재했던 나라예요. 중국 역사에서 가장 오래 유지된 나라로, 이 시기에 철기가 사용되었어요.

얼마나 발달할 수 있었는지 아마 산대를 만들어낸 그 누군가도 미처 몰랐겠지요.

정확한 계기나 연도는 알 수 없지만 중국에서 우리나라로 산대가 들어온 것은 이 땅에 고구려·백제·신라가 함께 있던 삼국시대였어요. 삼국 가운데 가장 빨리 나라를 세운 신라가 기원전 57년에 건국했으니까 중국에서 산대가 발명되고 나서 꽤 오랜 시간이 지난 다음에 우리나라로 들어온 셈이네요.

그런데 재미있는 것은 중국에서는 14세기 명나라 이후 주판이 널리 보급되면서 산대의 인기가 식어 더 이상 쓰지 않게 되었지만 우리나라는 조선시대 말까지 아주 오랫동안 산대를 사용했다는 점이에요. 그러한 사실을 확인시켜주는 여러 가지 증거 자료가 있는데, 그 가운데는 외국인이 쓴 책도 있어요.

러시아 장교들이 1885년부터 1896년까지 우리나라를 여행하고 쓴 기록에 산대에 대한 것이 남아 있어요. 러시아 말을 통역하는 조선 통역관이 아침마다 자기 수입을 계산하기 위해 셈 막대, 즉 산대를 이용했다고 기록했거든요. 이런 기록만 보아도 조선시대 말기까지 산대가 사용되었다는 것을 알 수 있어요. 조선시대 말기라고 하면 지금으로부터 100여 년 전이에요. 산대가 쓰이지 않게 된 것이 그리 오래되지 않았다는 거예요.

그러니 조선시대 수학책에 적혀 있는 산대로 수를 나타내거나 계산하는 방법에 대한 내용에서 알 수 있듯이, 산대는 조선시대 수학자들의 유용한 수학 활동 도구였을 뿐만 아니라 일반인들도 일상생활 속에서 즐겨 사용한 계산 도구가 틀림없었겠지요.

더 일찍이 1653년에는 네덜란드 사람 하멜이 일본으로 가다가 폭풍을

만나 떠돌다가 제주도에 닿게 되었어요. 하멜은 그 후 14년 동안 조선에서 살았어요. 하멜은 훗날 그때의 생활을 묘사한 《하멜표류기》라는 책을 남겼어요. 이 책에는 당시 조선의 풍속과 사정이 자세하게 기록되어 있는데 조선 사람들이 산대로 계산

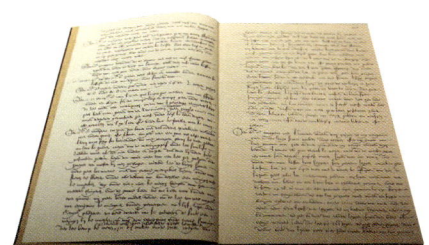

하멜표류기

하는 것을 자신들이 사용하는 계산기에 비유하면서 설명하고 있어요.

이러한 사실을 통해서 산대는 중국에서 만들어졌지만 그것을 전해받은 우리나라 사람들은 생활 속에서 요긴하게 잘 활용하였음을 알 수 있어요. 나아가 산대는 수학 연구의 기반이 되었어요. 산대로 수를 나타냄으로써 계산을 하고 식도 나타낼 수 있었으니까요.

아참, 산대 이야기를 하면서 막상 산대가 뭔지를 설명하지 않았네요. 이제 산대가 어떻게 생겼고 산대로 어떻게 계산을 했는지 살펴보도록 해요.

옛 사람들의 계산 도구, 산대

산대는 수를 나타내고 계산을 하기 위해 대나무를 깎아서 만든 나무 막대를 가리켜요. 나무가 아니라 옥이나 상아(코끼리의 엄니)로 만든 산대도 있었는데, 특별한 경우가 아니면 대부분 나무로 만든 산대를 사용했어요.

산대는 처음에 대나무를 잘라서 만들었어요. 똑같은 크기로 잘라서 주머니나 통에 넣어두었다가 계산이 필요할 때 꺼내서 사용했어요. 또는 보자기에 싸서 가지고 다니다가 계산할 때 보자기를 펴놓고 그 위에 산대를 늘어놓아 계산했기 때문에 '편다'는 뜻의 '포(布)'자를 써서 '포산(布筭)'이란 말도 사용했어요. 한 통에 들어 있는 산대의 개수는 271 개였어요. 그러니까 한 세트가 271

선비님, 그 통은 뭐예요?

뛰어난 계산기란다.

개였다는 말이에요. 조선시대의 사대부인 황윤석이 쓴 《산학입문》에 보면 '육고산법'이란 것이 있어요. 이 말에서 '고(觚)'란 산대를 담은 통을 위에서 본 모양을 그린 그림에서 한 개의 삼각형을 말해요. 그러니까 여섯 개의 삼각형으로 나누인 육각형 모양의 통속에 들어 있는 산대의 개수를 계산하는 방법이란 뜻이에요. 한번 계산해 볼까요? 고 하나에 들어 있는 산대를 잘 살펴보면 통의 모양을 따라 삼각형 모양으로 들어 있고 한 줄에 있는 산대의 개수가 1개, 2개, ……, 9개까지 나가죠? 그러니까 1부터 9까지를 합하면 45, 즉 고 하나에 산대 45개가 들어 있고 그런 것이 6개이므로 270개, 다시 한 가운데 1개를 합하여 271개가 되는 거예요.

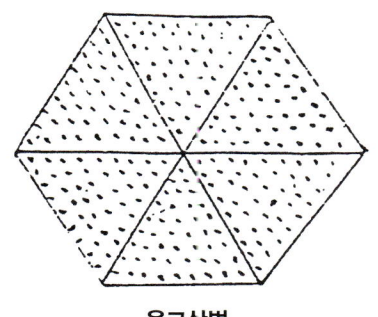

육고산법
산대를 담은 통을 위에서 본 그림

삼각형 한 통에 몇 개의 산대가 들어 있지?

한 통에 45개고

6통이 있으니 270개에 가운데까지 더하면 271개요.

산대의 길이는 정해져 있지 않았어요. 중국에서도 시대에 따라 나라마다 다른 기준이 있었음을 기록으로 알 수 있어요. 우리나라의 경우에는 최석정이 쓴 《구수략》에 산대의 크기와 길이에 대한 기록이 나와요.

고대에는 대나무로 산대를 만들었다. 원의 지름은 1분이고 길이는 6치인데, 271매로 육고를 이루어 한 줌이 된다. …… 근세에는 산대의 잘린 면이 원이 아니라 세모꼴이다.

처음에는 산대를 대나무로 만들었으니까 잘린 면이 당연히 원이고 지름 1분은 1치의 $\frac{1}{10}$을 뜻하므로 약 3밀리미터 정도예요. 잘린 면이 원에서 세모꼴로 변했다는 것은 산대를 만드는 재료가 대나무에서 일반 나무로 바뀌었다는 것을 알려줘요.

또한 6치의 길이는 지금으로 하면 약 18센티미터가 조금 넘어요. 고대에 사용했던 산대는 어른 손바닥 정도의 길이쯤 된다는 말이지요. 뒤에서 산대로 계산하는 방법을 보면 알겠지만 산대는 너무 짧아도 불편하지만 너무 길어도 불편해요. 그래서 처음에 만들어졌을 때보다 점점 짧아져요.

19세기 중반 조선 수학책에 따르면, 산대의 길이를 7.7센티미터 정도로 설명해 놓았어요. 이렇듯 산대는 정해진 길이가 있는 것은 아니고 편리하게끔 길이가 정해진 모양이에요.

현재 국립민속박물관에 남아 있는 산대는 그 길이가 11 내지 13센티미터쯤 되고, 온양민속박물관에 있는 산대는 8.5센티미터 정도 길이에 상아로 되어 있어요. 산대는 길이를 재는 자가 아니라 수를 나타내어 계

상아로 만든 산대

나무로 만든 산대

산하는 도구였다는 것을 생각하면 굳이 길이를 정확하게 정해야 할 필요는 없었을 거예요. 산대가 없다면 성냥개비를 산대 대신에 사용해도 상관이 없어요. 다시 말하지만 산대는 계산을 위한 도구이니까요.

먼저 산대로 수를 나타내는 법을 알아볼까요?

오늘날 우리가 편리하게 쓰고 있는 인도·아라비아 숫자는 20세기가 되어야 우리나라 수학책에 등장해요. 그러나 17세기에 하멜을 비롯한 네덜란드 사람들이 떠돌다가 제주도에 닿기도 했고, 중국을 통해 간접적으로 서양의 수학을 만나는 과정에서 인도·아라비아 숫자에 대해 조금씩 알게 되었을 거예요.

인도·아라비아 숫자가 널리 이용되기 이전에는 모두 한자로 쓰거나 산대를 이용하여 수를 나타냈어요. 우리가 1, 2, 3, ……과 같은 인도·아라비아 숫자를 써서 수를 나타내듯이 산대로는 다음과 같이 숫자를 나타내었어요.

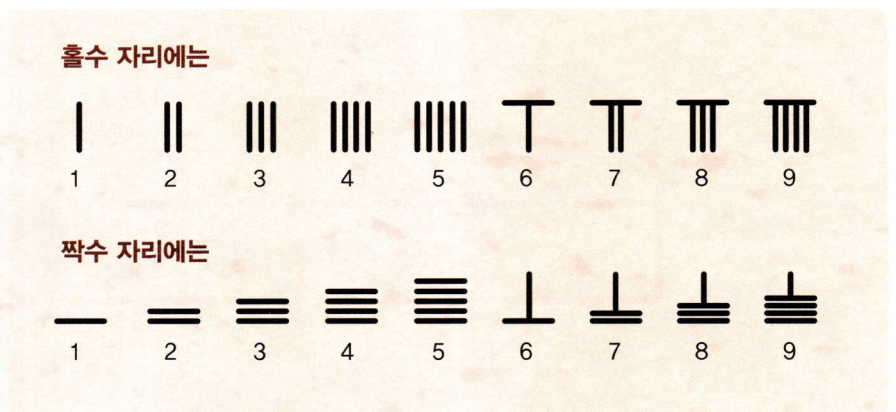

홀수 자리에는

| 1 | 2 | 3 | 4 | 5 | 6 | 7 | 8 | 9 |

짝수 자리에는

| 1 | 2 | 3 | 4 | 5 | 6 | 7 | 8 | 9 |

일의 자리부터 홀짝을 매겨 간다고 생각하면 홀수 자리는 일, 백, 만, ……의 자리를 말하고 짝수 자리는 십, 천, 십만, ……의 자리를 말하는 거예요. 산대로 수를 나타내는 방법은 중국의 오래된 수학책인 《손자산경》의 방법을 그대로 따른 것이에요. 《손자산경》에는 이런 말이 있어요.

일은 세로, 십은 가로, 백은 서고, 천은 눕고,
천과 십은 서로 우러러 보고, 만과 백은 서로 마주 대한다.

세로로 세우면 1이 되고 가로로 놓으면 10이 된다는 말이지요. 우리가 구구단을 노래처럼 외우듯이 옛날 사람들은 산대로 수를 나타내는 방법을 노래로 만들어 외었어요. 한번 불러볼까요?

1은 세로로, 10은 가로로, 100은 서고, 1000은 넘어졌네.
천과 십은 같은 모양이고 만과 백이 서로 같다.
6 이상의 숫자는 모두 5를 나타내는 산대가 위에 있네.

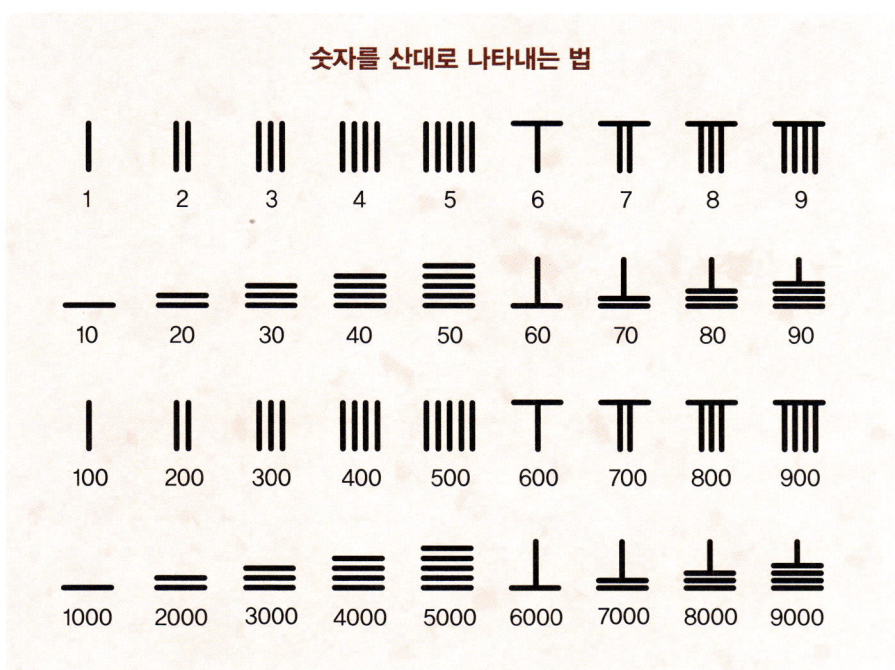

숫자를 산대로 나타내는 법

6은 같은 산대로 쌓인 것이 아니고, 5는 산대 하나가 아니다.

이 노래는 자릿값에 따라 가로, 세로로 방향을 교대로 바꾸어 배열하는 것을 설명하고 있는 거예요. 참 현명한 방법이에요. 만약 교대로 방향을 바꾸지 않는다면 어떤 불편함이 있을까요? 예를 들어 산대 3개를 세워놓았다고 해봅시다. 모두 일의 자리로 본다면 3이지만 십의 자리와 일의 자리에 각각 2개, 1개가 있는 것으로 본다면 21, 거꾸로 십의 자리와 일의 자리에 각각 1개, 2개가 있다고 생각하면 12라고 볼 수도 있겠지요? 아니면 백의 자리까지 생각하여 111이 될 수도 있겠네요. 그러니까 자리마다 교대로 방향을 바꾼다면 이런 혼동은 절대 일어나지 않겠지요?

따라서 이 규칙대로 하면 3, 21, 12, 111이 각각 다르게 나타납니다.

‖‖‖	=‖	—‖‖	‖—‖
3	21	12	111

숫자를 산대로 나타낸 그림에서 보듯이 1부터 5까지는 그 개수만큼 산대를 늘어놓아 표시했는데, 개수가 늘어나면 한눈에 알아보기 어렵죠? 그래서 6을 표시할 때는 산대 여섯 개를 세로로 세우는 것이 아니에요. 노랫말의 뜻은 5를 뜻하는 가로로 누운 산대 아래에 1을 뜻하는 산대를 세로로 세워서 6을 나타낸다는 말이에요. 다시 말해 산대 여섯 개 중 다섯 개는 하나로 대치하여 위로 올려 반대 방향으로 눕혀놓고 나머지 한 개만 제자리에 세워 놓는다는 뜻이니까 ⊥와 같이 놓는 거예요. 그럼 7도 마찬가지로 일곱 개 중 두 개만 세워 놓고 다섯 개를 대신하는 가로 산대 하나를 위에 올려놓아 ⊤처럼 놓으면 되겠지요? 이 노래를 알고 자릿값에 따라 방향이 달라진다는 것을 알면 어떤 수라도 산대로 나타낼 수가 있어요.

예를 들어, 3267을 이 방법으로 써 보면 이렇게 됩니다.

천의 자리	백의 자리	십의 자리	일의 자리
☰	‖	⊥	⊤
3	2	6	7

그럼, 0은 어떻게 표현할까요?

0은 그 자리를 비워 놓으면 돼요. 예를 들어, 3067은 이렇게 되겠죠.

천의 자리	백의 자리	십의 자리	일의 자리
☰		⊥	⊤
3	0	6	7

따라서 여러 수를 산대로 표현 해볼게요.

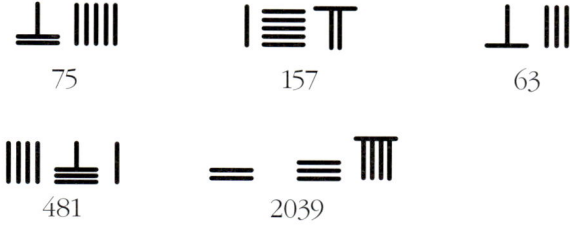

원리는 크게 어렵지 않죠? 얼마나 빨리 산대를 움직여 계산할 수 있는지가 문제일 뿐이에요. 우리는 산대에 익숙하지 않기 때문에 산대로 계산하려면 불편하고 많은 시간이 걸리겠지요. 그렇지만 산대에 익숙했던 조선시대 사람들은 지금 우리가 계산기로 계산을 하는 것만큼이나

빠르고 정확하게 계산을 했다고 해요. 산대로 계산을 할 때 손놀림이 빨라서 손이 제대로 보이지 않을 정도였다고 하니까요. 지금 우리가 그 모습을 보면 마치 무슨 마술을 하는 손놀림처럼 보일지도 모르겠어요.

지금까지 중국 주나라에서 만들어지고 삼국시대에 우리나라에 들어온 산대에 대해 살펴보았어요. 산대는 수를 나타내어 계산을 쉽고 빠르게 할 수 있도록 도와주는, 지금 우리가 쓰는 계산기와 비슷한 역할을 한 도구예요. 이렇게 삼국시대에 들어온 산대는 1900년대 초반까지 오랫동안 사용되었고요.

그렇다면 옛날에는 수를 어떻게 부르고 읽었을까요? 이제 삼국시대에 수를 어떻게 읽었는지 살펴보도록 해요.

삼국시대 사람들의 숫자 읽는 법

지금 우리는 인도·아라비아 숫자를 사용하고 있어요. 0, 1, 2, 3, 4, 5, 6, 7, 8, 9가 바로 인도·아라비아 숫자지요. 인도·아라비아 숫자는 원래 인도에서 유래했지만 그것이 지금의 중동 지역과 아프리카, 즉 아라비아

지역을 거쳐 서양으로 전해졌기 때문에 인도·아라비아 숫자라고 불러요.

뒤에서 다시 보겠지만 인도·아라비아 숫자에서 특히 0은 매우 중요해요. 인도에서는 600~700년경부터 0을 사용했다고 해요. 0을 이용하면 수를 나타낼 때 비어 있는 자리를 표시할 수 있어 매우 큰 수도 쉽게 나타낼 수 있어요.

표를 보면 고대의 여러 문명권에서 사용했던 숫자가 서로 달랐던 것을 알 수 있어요. 9를 나타내기 위해 1을 나타내는 기호를 아홉 개 늘어놓아서 수를 표현해야 했던 이집트 숫자나 바빌로니아 숫자에 비해 기호 하나로 약속하여 나타낸 인도·아라비아 숫자는 참 간단하지요? 그런데 앞서도 말했지만 인도·아라비아 숫자가 우리나라에 들어온 것은 아주

현재 우리가 사용하는 숫자	1	2	3	4	5	6	7	8	9	10
이집트	I	II	III	IIII	III II	III III	IIII III	IIII IIII	III III III	∩
바빌로니아	▼	▼▼	▼▼▼	▼▼▼▼	▼▼▼ ▼▼	▼▼▼ ▼▼▼	▼▼▼ ▼▼▼ ▼	▼▼▼ ▼▼▼ ▼▼	▼▼▼ ▼▼▼ ▼▼▼	◀
마야	●	●●	●●●	●●●●	──	●	●●	●●●	●●●●	══
아즈텍(멕시코)	●	●●	●●●	●●●●	●●●●●	●●●●●●	●●●●●●●	●●●●●●●●	●●●●●●●●●	◇
그리스	I	II	III	IIII	Γ	ΓI	ΓII	ΓIII	ΓIIII	△
로마	I	II	III	IV	V	VI	VII	VIII	IX	X
중국	一	二	三	四	五	六	七	八	九	十

나중의 일이에요. 1900년에 쓴 수학책에서 처음 보이니까요. 그 이전에는 한자를 써서 수를 기록했어요. 1은 一, 2는 二, …… 그럼 한자 숫자를 어떻게 읽었을까요?

지금도 1, 2, 3, ……을 한자어로는 일, 이, 삼, ……이라고 읽지만 우리말로는 하나, 둘, 셋, ……이라고 읽잖아요. 삼국시대의 역사를 기록한 《삼국사기》를 보면 고구려의 지명을 통해서 당시에 몇 가지 수를 어떻게 읽었는지를 알 수 있어요.

三峴縣 삼현현　　　密波兮　밀파혜
五谷郡 오곡군　　　于次云忽 우차운홀
七重縣 칠중현　　　難隱別　난은별
十谷縣 십곡현　　　德頓忽　덕돈홀

삼국사기
1145년 고려시대 인종 때 김부식이 삼국시대의 역사를 기록한 책. 우리나라에 현존하는 가장 오래된 역사책입니다.

지금의 셋(3)은 고구려 말로 '밀'이고, 다섯(5)은 '우차', 일곱(7)은 '난', 열(10)은 '덕'이라고 불렀던 거예요.

1부터 10까지 정확한 이름이 알려진 것은 고려시대 이후의 일이에요. 그것은 다음 장에서 살펴볼 거예요. 미리 좀 말하자면 일본 사람들이 숫자를 부르는 이름과 비슷하다는 점이 흥미로워요. 한반도에서 일본으로 문화가 전파되었음을 수학을 통해 확인할 수 있으니까요.

삼국시대에는 수학을 어떻게 활용했을까요?

지금까지 우리나라는 삼국시대부터 산대를 사용해서 수를 나타내고 계산했다는 것과 수를 어떻게 부르는지 살펴보았어요. 그런데 삼국시대에는 무엇을 위해 계산을 했을까요? 어떤 일에 수학이 필요했을지 한번 상상해보세요. 오늘날 우리 생활에서 수학 없이 단 하루도 살 수 있을까요? 문방구에서 공책을 사고 거스름돈을 받을 때, 일기예보에서 비나 눈이 내릴 확률을 말할 때, 인공위성을 쏘아 올릴 때 등 수학 없이 그런 일들을 할 수는 없어요.

예부터 중국을 비롯한 우리나라의 수학은 실제 생활과 깊은 관계를 맺고 있어요. 아무리 좋은 학문이라고 해도 실제 생활에 도움이 되지 못하면 아무래도 그 학문의 가치가 줄어들 수밖에 없거든요. 여러분이 아무리 수영을 잘한다 해도 물이 없는 곳에서 살게 된다면 아무 소용이 없는 것처럼 말이에요.

수학의 기본은 계산이었고 나라에서 계산이 필요한 분야는 크게 두 가지로 나눌 수 있어요. 첫 번째는 양전과 세금이에요. 양전은 밭의 크기를 측정하는 것이고, 세금은 백성이 나라에 내야 하는 돈이죠. 두 가지는 밀접하게 연결되어요. 나라 살림을 잘 꾸리기 위한 경제력의 원천은 예나 지금이나 국민들이 내는 세금인데, 세금을 공정하게 잘 거두어들이기 위해서는 농사짓는 땅을 정확히 측정할 필요가 있거든요.

고대 이집트에서 기하라는 수학 분야가 발달한 것도 매년 되풀이되는 나일 강의 홍수로 땅을 매년 정확하게 나눌 필요가 있었기 때문이지요. 그리고 땅에 농사를 지어서 세금을 내야 할 때 얼마나 추수를 했는지에 따라 세금이 달라지기 때문에 그때에도 계산이 필요해요.

이처럼 세금을 걷거나 논밭의 넓이를 측정하는 데 수학은 요긴하게 이용되었어요.

측정 얘기가 나왔으니 말이지만, 물건을 사고팔면서 길이를 재고 들이와 무게를 재는 데 기준이 필요하겠지요? 그 기준이 바로 도량형인데 수

량 관계를 좌우하기 때문에 아주 중요해요. 만약 여러분이 정육점에 가서 "고기 조금만 주세요."라고 말하면 정육점 주인은 난처할 거예요. 사람마다 조금이라고 생각하는 양이 다르니까요. "고기 500그램 주세요."라고 말하면 정육점 주인이 저울로 500그램을 재서 고기를 주겠지요. 이때 쓰는 그램이나 미터 등을 정하는 것이 바로 도량형이에요. 도량형은 생활에서 반드시 필요한 기준이기 때문에 통일이 되어야겠지요. 그리고 수학적으로 엄격하게 관리도 해야 하고요.

고대 세계에서 계산이 필요한 또 하나의 분야는 바로 천문학과 달력이에요. 특히 우리나라처럼 농사를 지어 생활하는 농경사회에서는 천문학과 달력이 매우 중요했어요. 천문학은 천체의 움직임을 통해 홍수나 가뭄, 일식 등을 알아내기 위해 발달한 학문이에요. 그러니까 하늘의 변화를 통해서 땅에 어떤 일이 일어날지 예측하는 일을 담당하는 분야예요.

달력은 어디가 시작이고 어디가 끝인지 알 수 없는 시간의 흐름을 관리하고자 만들어낸 인류 최고의 발명품이라 할 만해요. 해가 뜨고 지는 하루가 반복되고 계절이 바뀌는 일 년이 반복된다는 규칙을 인식하여 달력을 만들어냄으로써 언제 씨를 뿌리고 언제 추수를 해야 할지 등을 알려주는 중요한 역할을 부여했지요. 오늘날은 1년을 12달 365일로 정하고 4년마다 윤년(2월이 하루 더 늘어난 해)을 두고 있지만, 달력을 정하는 방법은 시대에 따라 변해왔어요. 더 정확한 것을 만들기 위해 인류의 역사와 함께 발달해온 달력은 이젠 농사를 떠나서라도 우리 생활에 아주 필수적인 물건이잖아요. 달력이 없으면 어떤 일이 일어날지 한번 상상해보세요.

그래서 천문학과 달력은 나라에서 엄격하게 관리했어요. 심지

양력달력, 음력달력
양력은 태양의 움직임을 기준으로 한 것이고, 음력은 달의 움직임을 기준으로 만들어요.

어 왕의 허락 없이 개인이 달력을 만들다 발각되면 큰 벌을 받기도 했어요. 그것은 천문학과 달력이 그만큼 중요하다는 증거이고 또한 그만큼 정확해야 한다는 뜻도 되지요. 개인이 하늘의 변화를 제멋대로 해석하고 달력을 엉터리로 만든다면 세상에 큰 혼란이 올 테니까요.

이렇듯 도량형이 땅의 수학이라면 천문학은 하늘의 수학이라고 할 수 있어요. 먼저 땅의 수학을 살펴보도록 해요.

세상의 모든 것을 통일하라

도량형(度量衡)에서 도는 길이, 량은 들이, 형은 무게를 가리키는 말이에요. 그러니까 길이와 들이, 무게를 재는 기준이 도량형이라는 말이지요. 도량형은 생활의 편리함을 위해 사람들이 기준으로 정한 것이므로 시대에 따라 나라에 따라 각기 다른 기준을 정해서 사용했어요.

예를 들면 우리나라에서 고기 한 근은 600그램이지만 중국에서는 500그램이 한 근이에요. 최근에 우리나라는 근을 쓰지 않고 세계적으로 표준으로 정한 그램이나 킬로그램을 쓰기로 했지만 재래시장에 가거나 할머니들이 물건을 사실 때 보면 몇 근이라고 말씀하시는 것을 어렵지 않게 들을 수 있어요. 한편 중국에서는 여전히 근을 사용하고 있어요. 심지어 사람의 몸무게를 말할 때도 몇 근이라고 말하니까요.

중국과 우리나라는 다른 나라이기 때문에 크게 문제가 되지 않지만 같은 나라에서 도량형이 다르다면 큰 혼란이 일어나겠지요? 서로가 약속을 해서 만든 법처럼 도량형 또한 모두가 그렇게 하기로 약속을 한 거예요. 혼란을 피하기 위한 약속이지요.

도량형
도 - 길이(자)
량 - 들이(홉, 되, 말)
형 - 무게(저울)

그런데 국민이 나라의 주인인 민주주의가 발달하기 이전에 세상을 다스린 사람은 왕이었어요. 따라서 법과 도량형 등도 왕이 정하였지요. 물론 주위의 신하들이 함께 도와서 만들기는 하지만요. 그래서 왕은 사람들이 믿고 쓰게 하기 위해 하늘에서 자기에게 도량형을 만들 수 있는 권리, 즉 힘을 주었다고 여기도록 만들었어요. 왕의 권력이 하늘로부터 온 것이라고 생각하도록 한 거지요.

　　동양에서 도량형을 처음으로 정리한 것은 중국을 처음으로 통일한 진시황이었어요. 그때가 기원전 221년이에요. 지금부터 따지면 약 2230년 전이에요. 대단하죠? 도량형이 통일되기 이전에는 사람마다 나름대로의 기준으로 물건을 쟀어요. 재는 도구로 쉽게 이용할 수 있는 것이 무엇일까요? 만약 책상을 방에 들여 놓으려고 방문을 통과하는지 알아보기 위

해 방문의 폭과 책상의 폭을 비교하고 싶은데 자가 없다면 어떻게 할까요? 그래요, 양쪽을 뼘으로 재어 몇 뼘인지 알아보는 거죠. 바로 신체의 일부를 이용한 측정이 도량형의 시작이에요. 베 열두 뼘이라든지, 쌀 한 줌 정도로 말하면 되겠죠. 사실 동네가 모두 친척 관계를 이루는 우리의 전통 마을에서는 도량형이 크게 필요하지 않았을 것 같아요. 일일이 정확하게 따지기보다 서로 돕고 조금씩 양보하고 살면 되니까요. 그러나 사람들이 많아져 관계가 복잡해지고 나라가 만들어지면 서로 손해가 나지 않고 공정하게 일이 처리되도록 양을 정확하게 다룰 필요가 생기고 따라서 기준이 필요해지죠. 그래서 진시황이 중국을 통일한 다음 우선적으로 도량형을 정리했던 거지요.

참고로 진시황이 나라를 통일하고 도량형이나 문자를 통일시킨 것 외에 또 하나, 바퀴의 폭도 하나로 정했어요. 마차가 길을 효율적으로 통행할 수 있도록 바퀴 사이의 간격을 똑같게 만들도록 한 거예요. 지금으로 하면 도로에 차가 줄서서 달릴 수 있도록 차선을 그린 것과 비슷한 일이라 할 수 있어요. 차선이 없다면 도로가 엉망이 될 테니까요. 역시 기준을 정한다는 것은 중요해요.

중국의 한나라 때(기원전 206~기원후 24) 역사를 기록한 《한서》를 보면 이런 말이 나와요.

길이는 황종관의 길이를 기본으로 한다. 황종관의 길이는 기장 알 가운데 보통 크기의 것을 골라 90알을 일렬로 늘어놓은 것과 같다. 이 기장 한 알의 폭을 1분(分)으로 해서 10분을 1치(寸), 10치를 1자(尺), 10자를 1장(丈) ……

황종관은 불면 소리가 나는 피리예요. 그러니까 피리가 도량형의 기준이 되었다는 말이에요. 그런데 왜 하필이면 황종관과 기장알이 기준이 되었을까요? 황종관은 악기 중에서 기본음을 내는 피리였어요. 그래서 기본이 되는 피리 길이를 기준으로 삼은 것이죠. 물론 황종관의 길이도 시대에 따라 달라져요. 기준을 정해도 그

기준이 바뀌는 것처럼 무엇인가를 통일한다는 것은 대단히 어려운 일이랍니다.

여러분은 기장이라는 곡식이 낯설지요. 기장은 벼와 비슷한 곡식으로 옛날에는 기장으로 밥을 지어 먹었다고 하네요. 즉, 악기의 기본, 음식에서 기본인 것을 기준으로 삼았다고 생각할 수 있지 않을까요.

황종 피리를 이용하여 길이를 어떻게 정한 건지 구체적으로 볼까요? 기장 한 알이 1분인데 황종 피리의 길이를 기장 90알로 잡았대요. 그러니까 황종 피리의 길이는 90분, 즉 9치인 거예요. 황종 피리를 써서 길이의 기준을 정한 것이지요. 여기서 주목할 만한 사실은 음악, 도량형, 천문이 수학에 의해 합체되고 있다는 거예요. 고대 학문의 특성 중 율(음악)과 역(천문)을 같은 것으로 생각했던 점과 수학의 중요한 역할을 잘 보여주고 있어요.

길이를 재고, 무게를 달고, 크기를 비교하다

우리나라는 산대가 그랬던 것처럼 중국의 도량형을 받아들였어요. 도량형을 받아들였다고 곧바로 온 세상에서 그 도량형을 쓰게 되었다는 말은 아니에요. 도량형이 전해지고 다시 사람들이 그것을 익숙하게 사용하게 될 때까지 오랜 시간이 걸렸어요. 앞에서 말했듯이 오늘날 무게 단위로 그램을 정했지만 모든 사람이 한꺼번에 그램을 사용하기 시작하는 건 아니잖아요. 근과 같은 단위도 종종 사용되고 있으니까요. 게다가 도량형이 지방마다 조금씩 달랐어요. 그렇지만 기준이 아예 없어서 혼란스러운 것보다 훨씬 편리해졌지요.

그렇다면 삼국시대의 도량형은 어떤 것이 있을까요? 《삼국사기》와 《삼국유사》에 나오는 길이에 관계된 글을 몇 가지 살펴볼 거예요. 주로 왕들의 키에 관한 것이 많아요.

신라의 석탈해는 머리둘레가 3자 2치, 키가 9자 7치였다.
고구려의 고국천왕은 키가 9자였다.

삼국유사
고려 때(1285) 승려 일연이 쓴 역사책. 단군 및 신라·고구려·백제의 역사와 불교에 관한 기사·신화·전설·시가 등이 풍부하게 실려 있어요. 《삼국사기》와 더불어 우리나라에 현존하는 가장 오래된 역사책입니다.

백제의 무령왕은 키가 8자였다.

신라 법흥왕은 키가 7자였다. 신라 진평왕은 키가 11자였다.

여러 왕들의 키를 계산해 볼까요. 1자는 지금으로 하면 30.3센티미터
예요. 위에서 가장 키가 큰 진평왕은 3미터 33센티미터나 되는 거인이네
요. 제일 작은 법흥왕도 2미터가 넘어요. 위의 다섯 왕으로 농구팀을 만
들면 천하무적일 텐데요. 아니 한 명만 있어도 세계 최강의 팀이 될 거
예요. 게다가 석탈해의 머리둘레는 거의 1미터라는 말인데 어떤 모습인
지 상상이 잘 안 되죠?

그런데 정말로 삼국시대 왕들의 키가 그렇게 컸을까요? 오늘날 남녀
평균키가 과거보다 커졌다고 하지요. 그런데 삼국시대 사람들의 키가 그
렇게 컸다는 것은 도저히 납득할 수 없네요. 현재도 전 세계에서 3미터

도량형	길이		들이		무게
단위	자(尺) 치(寸) 보(步)		섬(石) 말(斗) 되(升) 홉(合)		근(斤) 냥(兩)

우리나라의 전통 단위

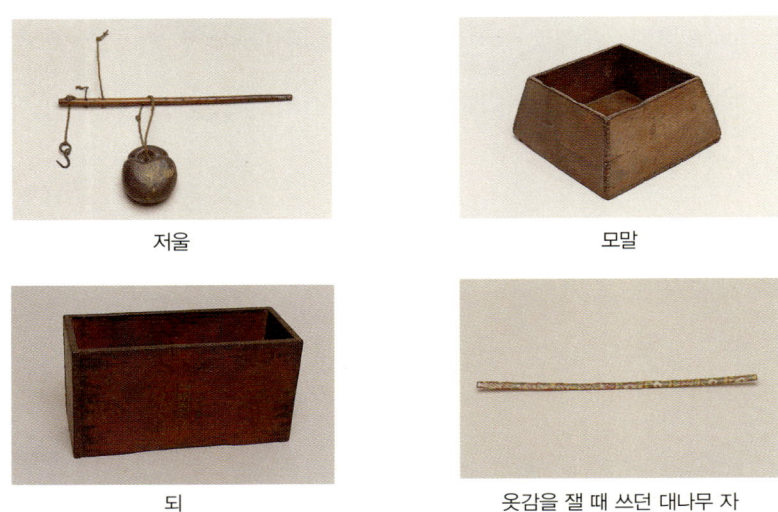

저울

모말

되

옷감을 잴 때 쓰던 대나무 자

길이와 들이를 재는 다양한 도구

가 넘는 사람은 없다는데요. 그러니까 당시의 자의 기준은 오늘날과 다른 기준을 따랐던 것이 틀림없어요. 시대마다 자의 기준이 달랐고, 같은 시대에도 재는 물건에 따라 기준이 되는 길이가 달랐거든요.

삼국시대에는 자를 중국의 도량형에 기초하여 여러 가지로 정하여 썼어요. 그러니까 같은 시대에도 여러 가지 기준이 있었고, 앞의 글에 나오는 1자의 크기가 지금처럼 30.3센티미터가 아니라 더 작았을 거라는 말이에요. 그래도 위에 소개한 왕들은 키가 보통 사람들에 비해 컸기 때문

에 특별히 《삼국사기》나 《삼국유사》에 소개가
되었을 것으로 짐작되어요.

중국 후한 시대의 1자는 23.04센티미터였는
데 이것으로 계산해보아도 진평왕의 키가 2
미터가 넘었다는 결과가 나오거든요. 어쩌
면 후한 시대의 도량형보다 더 작은 것을
썼을지도 모르지요. 이렇게 도량형이 한 가
지로 정해지지 않으면 서로 다른 생각을 하
고 다르게 말하게 될 거예요.

여러분의 키도 한번 계산해 보세요. 참고로
자보다 작은 치(寸)는 자의 $\frac{1}{10}$ 이에요. 키가 145센티미터라고 해봐요. 1자
는 30.3센티미터니까 145를 30.3으로 나누면 약 4.8이므로 4자 8치가
되는 거죠.

하늘의 공포, 일식

이제 하늘로 눈을 돌려볼까요? 앞에서 말한 것처럼 하늘의 변화를 아는 것은 매우 중요했어요. 비가 오지 않아 가뭄이 들거나 비가 너무 많이 와서 홍수가 나면 흉년이 찾아오고 수확량이 줄어들면 백성들은 심한 굶주림에 시달려야 했거든요.

지금이야 날씨를 예측할 수도 있고 그것이 인간의 잘잘못과는 직접 관련이 없다는 것을 알지만 옛날에는 심한 가뭄이 들면 하늘로부터 권력을 부여받은 왕이 나라를 잘못 다스렸기 때문이라고 생각했어요. 따라서 왕은 하늘의 변화에 늘 신경을 썼고, 하늘의 변화를 살피는 관직과 관리를 두어 늘 하늘을 주의 깊게 살피게 했지요.

중국의 역사 기록을 보면 하늘의 상태를 살피는 일을 게을리 했던 관리들에게 벌을 주었다는 내용이 자주 나와요. 몇 년 동안 흉년이 계속되는 경우에 왕이 자리에서 물러나거나 심지어 죽임을 당하는 사례가 세계 곳곳에 있었어요.

하늘의 변화 가운데 가장 두려워한 것은 바로 일식과 월식이에요. 일식은 잘 아는 것처럼 지구에서 볼 때 달이 태양을 가릴 때 일어나는 현상이에요. 한편 월식은 지구의 그림자가 달을 가릴 때 일어나기 때문에 밤에 일어나겠죠? 월식이 일어나면 어차피 어두운 밤에 좀더 어두워지는 정도라 주의 깊게 관측하지 않으면 모르고 지날 수도 있어요. 하지만 특히 태양이 완전히 가려지는 개기일식은 환하던 낮이 갑자기 깜깜해지니 무섭고 두려워할 만하지요. 부분일식은 잘 살펴보지 않으면 모르고 그냥 지나치기도 해요.

아무튼 지구에 살고 있는 사람들과 아무 관계가 없이 태양과 달, 지구의 위치에 따라 일식과 월식이 일어나지요. 그런데 그 사실을 몰랐던 옛날 사람들은 하늘이 분노했다고 생각했어요. 아버지가 화가 나시면 얼굴 표정이 바뀌고 말씀과 행동이 평상시와 다르듯이, 하늘의 변화는 하늘의 분노를 의미했고 따라서 일식이 일어나면 잇달아 나쁜 일이 일어날 것이라고 믿었지요.

서양에서 철학의 아버지로 불리는 고대 그리스의 탈레스(기원전 6세기경)는 바빌로니아의 천문학적 지식을 바탕으로 연구하여 태양과 달의 움직임을 보고 일식과 월식이 주기적으로 일어난다는 사실을 깨달았어요. 그리고 다음 일식이 언제 일어날지를 계산해냈어요.

그때 마침 가까운 두 나라가 전쟁을 하고 있었는데 탈레스가 두 나라의 왕에게 전쟁이 멈추지 않으면 하늘이 화를 내서 세상이 깜깜해질 것이라고 말했어요. 그리고 실제로 탈레스가 예언한 그 날이 되자 일식이 일어났고 대낮인데도 세상이 어두워졌지요. 일식을 보고 놀란 두

탈레스
지금으로부터 2600년 전에 그리스에서 활동하던 철학자이자 수학자.

나라의 병사들은 무기를 버리고 다들 도망치고 말았다고 해요. 물론 전쟁은 끝이 났어요. 수학의 위대한 힘이지요.

이렇게 하늘을 살피는 일을 맡은 관리가 가장 필요로 했던 것이 바로 수학이에요. 왜냐하면 탈레스처럼 일식이나 월식이 언제 일어날지를 예측하기 위해 하늘의 변화를 일으키는 태양과 달의 움직임을 파악하여 주기를 비롯한 여러 가지 복잡한 계산을 해야 했으니까요.

일식이 하늘의 분노라고 믿었던 사실을 잘 보여주는 사건은 고구려에서도 일어났어요. 고구려의 일곱 번째 왕이었던 차대왕(71~165년)은 권

력에 욕심이 많았어요. 왕이 되기 위해 여러 사람들을 죽였고 나쁜 일을 많이 했어요. 심지어 경쟁자인 조카를 죽였고 많은 신하들을 죽이거나 쫓아냈어요.

그런데 차대왕이 왕이 된 지 4년, 13년, 20년이 되는 봄에 일식이 일어났어요. 일식이 일어나면 대개의 왕들은 자기의 잘못을 반성하고 백성들을 위해 좋은 일을 해야 한다고 생각했지만 차대왕은 그렇지 않았어요. 첫 일식 때는 신하가 왕의 노여움을 두려워하여 '임금의 덕이요 나라의 복이라'고 거짓을 말하여 왕을 속였어요. 차대왕은 어질지도 못했지만 지혜롭지도 않았나 봐요. 어쨌든 왕이 하늘의 경고를 무시하고 계속해서 나쁜 일을 저지르자 세 번째 일식이 있던 해에 신하였던 명림답부가 백성들을 위해 왕을 죽이고 신대왕을 새로운 왕으로 모셨어요.

우리의 눈으로 보면 일식과 왕의 악행은 아무런 관계가 없지만 옛날 사람들이 일식을 어떻게 생각했는지 잘 보여주는 이야기예요. 기록에 따르면 고구려에서 일식이 일어난 것은 모두 열한 번이에요. 그런데 차대왕 때 무려 세 번이나 일어났고, 하늘의 경고가 세 번이나 있었지만 왕이 모두 무시했기 때문에 죽임을 당한 것이라고 생각할 만하지요?

하늘을 관찰하다

하늘에서 해와 달과 별의 움직임을 관측하려면 정확한 계산이 필요하고 따라서 삼국시대의 수학은 천문과 아주 긴밀한 관계에 있었어요.

차대왕과 관련한 비과학적인 생각과는 달리, 고구려의 천문에 대한 관심과 관측 실력은 대단했던 것 같아요. 고구려 고분에 그려진 천문도가 하나의 증거인데 무려 25개의 고분에서 천문도가 발견되었고 당시 중국의 경우에는 16개에 불과하다 하니 고구려의 천문에 대한 관심과 실력을 가늠해볼 수 있겠지요? 또한 《삼국사기》에 있는 일식 기록 중 116년에 일어난 일식은 중국에서 관측할 수 없던 것을 고구려가 독자적으로 관측했다고 하거든요. 당시의 일식 사건을 중국은 고구려로부터 들어서 알

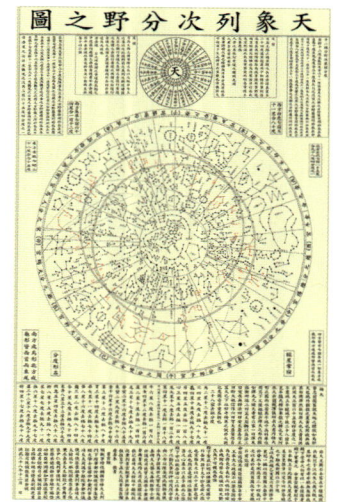

고구려의 석각천문도를 바탕으로 해서 만든 **천상열차분야지도**
'천상'은 하늘의 생김새, 즉 별이나 별자리를 말하고 '열차'는 하늘을 12차로 나누어 배열한 것이고 '분야'는 하늘의 별자리를 마치 땅처럼 구역을 나누어 놓은 것을 말합니다. 쉽게 말하면 하늘의 별자리를 그린 지도라고 할 수 있죠.

게 되었다는 기록이 있으니까요.

백제의 경우도 비슷한 것이 있어요. 《삼국사기》에 보이는 백제의 일식 기록은 모두 26번인데, 같은 일식을 기록한 건데 중국 역사책의 기록과 날짜가 서로 다른 경우도 있고 중국 역사책에 없는 일식 기록이 우리나라에 있는 경우도 있어요. 날짜가 다른 것은 조사해보니 백제의 기록이 옳았음이 밝혀졌고, 우리나라에만 있는 기록은 중국에서 잘 관측되지 않는 것이었다고 해요. 백제의 천문학 실력이 중국에 의존한 것이 아니라 매우 주체적이고 훌륭한 수준이었음을 알 수 있는 좋은 증거라고 할 수 있겠지요.

신라는 잘 아는 것처럼 삼국을 통일한 통일신라까지 포함해서 거의 1,000년에 이르는 긴 왕조였어요. 그래서 일식에 대한 기록이 많을 것으로 기대되지만 실제로는 백제와 거의 비슷한 29번의 기록밖에 없어요.

그것은 256년의 일식 기록 다음에 500년 넘게 일식에 대한 기록이 없다가 789년에야 다시 일식 기록이 나오는 것과 관계가 있어요. 무려 500년 이상이나 일식이 일어나지 않았을 리가 없겠지요. 게다가 고구려나 백제의 기록에는 그 기간에 일식이 일어

삼국시대의 수학은 천문과 깊은 관계가 있단다.

신라인들은 뛰어난 천문 실력을 가졌네요.

첨성대 신라의 천문 관련 건축물로 동양에서 가장 오래됨.

현대의 천문대(소백산)

낯았다고 전해주고 있거든요. 그 시기에 기록이 누락되었을 수도 있겠고 천문 관측 능력이 좀 떨어졌을 수도 있어요. 하지만 신라는 선덕여왕(재위 632~647년) 때에 천문 관련 건축물인 첨성대를 세웠을 정도로 천문에 대한 관심과 실력을 가지고 있었어요. 첨성대는 동양에서 가장 오래된 천문 관련 건축물로 알려져 있어요.

옛날에도 수학책이 있었나요?

고조선 이후 한반도에 여러 나라가 있었지만 나라의 기틀을 잡은 시기가 바로 삼국시대예요. 삼국시대에 이르러서야 법과 제도가 정비되어 법에 따라 나라가 다스려졌기 때문이죠.

그렇기 때문에 삼국시대가 되자 국가적 차원에서 다양한 분야에 수학이 필요하게 되었어요. 앞에서 본 대로 땅을 측정하거나 세금을 거두기 위해서도 그렇고, 궁궐이나 첨성대와 같은 건축물을 세울 때도 수학이 필요했지요. 또한 나라를 운영하기 위한 세금과 물건을 잘 정리하고 적절하게 사용하기 위해서도 수학이 필요했어요. 물론 하늘을 관측하기 위한 천문학에도 수학이 기본이었고요.

이렇게 수학을 활용하기 위해서는 수학에 뛰어난 관리들도 필요했겠지요? 이 관리들은 수학 공부를 해야 했고, 수학 공부를 하려면 수학책도 필요했어요.

삼국시대의 수학책을 말하려면 우선 중국의 수학책을 알아볼 필요가 있어요. 고대 중국의 수학책을 대표하는 것은 '산경십서(算經十書)'예요.

뜻을 풀이하면 산술, 즉 계산에 관한 열 권의 책이라는 뜻이에요. 당시 중국인 당나라에는 국자감이라는 학교가 있어 그 학교에서 수학을 가르쳤는데 거기서 사용한 교과서가 바로 '산경십서'예요.

그 열 권의 책 제목을 보면 《주비산경(周髀算經)》, 《구장산술(九章算術)》, 《해도산경(海島算經)》, 《손자산경(孫子算經)》, 《오조산경(五曹算經)》, 《장구건산경(張邱建算經)》, 《하후양산경(夏侯陽算經)》, 《오경산술(五經算術)》, 《철술(綴術)》, 《집고산경(緝古算經)》이에요. 책 이름만 봐선 무슨 내용인지 짐작이 잘 되지 않아요.

열 권 가운데 《손자산경》은 기억이 날지 모르지만 산대를 설명할 때 잠깐 얼굴을 비추었던 책이에요. 아무튼 책 이름이 크게 중요한 것은 아니지만, 이 책들이 우리나라에 들어와서 큰 영향을 미쳤기 때문에 이 책들의 내용이 어떤 것인지 아는 것은 우리나라의 전통 수학을 이해하는 데 도움이 되어요. 어떤 내용을 담고 있는지 간단하게 살펴보도록 할게요.

당나라의 수학 교사서란다.

《주비산경》은 중국의 가장 오래된 천문학 책으로 직각삼각형의 성질을 활용하여 여러 가지 거리를 측량하는 내용이 들어 있어요.

《**구장산술**》은 이전 시대의 수학 자료를 모아 정리한 책으로 중국 수학의 기본서예요. 아홉 개의 주제에 따라 다양한 문제와 답, 풀이를 담고 있어요.

《**해도산경**》은 구장산술의 아홉 번째 주제인 '구고'를 설명한 책이에요. 직접 측량할 수 없는 거리나 높이를 계산하는 문제들을 다루어요.

《**손자산경**》은 세 권으로 되어 있는데, 도량형 및 산대를 이용한 계산법을 자세히 다루고 있어요.

《**오조산경**》은 나라의 다섯 개 관청(농업, 국방, 관세, 곡창, 재무 담당)에서 관리를 교육하기 위해 이용한 수학책이에요.

《**오경산술**》은 다섯 권의 유교 경전(상서, 시경, 역경, 주례, 예기)에 담긴 수학 관련 내용을 설명한 책이에요.

《**철술**》은 조충지가 쓴 책으로 현재 남아 있지 않기 때문에 정확한 내용은 알 수 없고 원주율에 대한 훌륭한 근삿값 계산 등을 담고 있을 것으로 추측될 뿐이에요.

《**집고산경**》은 실용 문제와 비실용 문제가 섞여 있는 수학책으로 천체의 운동을 비유한 문제도 있어요.

'구고'란 직각삼각형이란 뜻이에요.

옛날에도 수학책이 있었나요? **53**

《장구건산경》은 세 권으로 이루어진 책인데, 담고 있는 92개의 문제 중 문제에 주어진 조건의 수가 구해야 하는 것의 수보다 적어 답이 여러 가지 나오는 '백계문'이란 문제로 유명해요.

《하후양산경》역시 세 권에 총 92개의 문제를 다루고 있는데, 10, 100, … 을 곱할 때 산대의 자리 옮기는 방법에 대한 설명을 담고 있어요.

국자감에서는 열 권의 책을 기초반과 우수반의 두 조로 나누어 공부 하였는데, 무려 7년이 걸렸다고 해요. 이렇게 오랫동안 수학 공부를 한 다음 수학을 담당하는 관리시험을 치는 거예요. 그러니까 '산경십서'의 내용 중에는 관리로서 수학과 관련된 나랏일을 하는 데 필요한 것들이 대부분이었던 거예요.

삼국시대는 중국의 수학을 받아들여 우리의 상황에 맞게 활용하던 시대예요. 천문과 관련된 기록을 보면 우리 나름대로 독자적인 학문 체계가 있었음을 알 수 있지만 대체로 중국의 영향이 컸지요. 따라서 삼국 시대에 공부한 수학책으로 '산경십서'를 들 수 있어요. 그것을 익히고 활용했어요.

위의 책 가운데 꼭 기억해야 할 것은《구장산술》이에요. 다른 책들도 중요하지만 《구장산술》은 삼국시대뿐만 아니라 계속해 서 우리나라 수학에 큰 영향을 미쳤어요. 우 리의 선조들이 수학 공부를 하기 위해 가 장 기본이 되는 교과서라고 생각하면 좋 을 거예요.

수학 공부를 어떻게 했을까요?

삼국시대 이후로 우리나라에서 가장 기본적인 수학책으로 여겨진 책은 《구장산술》이에요. 《구장산술》은 통일신라의 수학교과서이기도 했고 이후 조선시대 수학자들이 직접 집필한 수학책에도 이 책의 영향이 직접 또는 간접적으로 계속하여 나타나는 것을 볼 수 있어요. 고대로부터 다루어진 수학 내용을 주제별로 정리해놓은 것이기 때문에 수학을 공부하기 위해 반드시 필요한 책이었거든요.

앞에서 당나라에 국자감이라는 학교가 있었다는 것을 보았지요? 수학 교육을 위해 '산경십서'를 가르쳤고요. 우리나라는 어떨까요? 우리나라에도 물론 학교가 있었어요. 우리나라 최초의 학교로 일컬어지는 것은 고구려(372년)의 태학이지만 그 교육제도나 교육과정에 대한 기록은 없기 때문에 거기서 실제로 수학이 지도되었는지에 대해서는 알 수가 없어요. 하지만 신라 신문왕(682년) 때의 학교 국학에서는 수학을 가르쳤다는 기록이 있어요. 국학에는 한 사람의 산학박사, 요즘으로 말하면 수학박사를 두었어요. 조선시대까지는 수학을 산학(算學)이라고 불렀거든요. 산학은 '산술에 관한 학문'이라는 뜻이겠죠. 산학박사가 학생들에게 수학을 가르쳤는데, 그때 사용한 수학교과서가 《철술》, 《구장산술》, 《삼개》, 《육장》 등이에요. 이 가운데 《철술》과 《구장산술》은 중국에서 들여온 수학책이고, 《삼개》와 《육장》은 중국에 없는 책이에요. 그런데 일본에는 《삼개》와 《육장》이 있었다고 하는데, 이것은 우리나라에서 건너간 것으로 보여요. 아마도 중국의 수학을 받아들여 중요한 것을 간추렸거나 나름대로 우리 상황에 맞춰 새롭게 만든 수학책일 것이라고 추측되어요.

수학을 공부해서 관리가 된 사람이나 관직에 대한 기록이 별로 남아 있지 않아서 우리 조상들이 어떻게 수학 공부를 했는지에 대해 자세한 것을 알 수

는 없어요. 하지만 《삼국사기》에는 산학박사나 조교를 두어 위의 네 가지 수학책을 가르쳤다는 사실 외에 학생의 나이나 교육 기간에 대한 기록도 남아 있어요. 입학생의 나이는 15세에서 30세까지예요. 평균 수명도 지금보다 짧은 시절인데 공부하는 나이가 꽤 늦죠? 그리고 공부 기간은 9년이 기한인데 공부 못하는 학생은 퇴학시켰대요. 넌 우둔하여 깨닫기 어려우니 이제 공부 그만하라고 했던 거예요. 학교를 계속 다니고 싶은 사람은 정말 열심히 공부를 해야 했겠지요. 그런데 공부하고 싶은 마음은 간절하여 열심히 노력하지만 이해가 좀 늦은 학생도 있었을 거예요. 소위 노력형 학생 말이에요. 그런 학생들을 위해 좀 미숙하지만 소질이 있으면 9년이 지나도 계속 학교에 다닐 수 있도록 배려하기도 했대요.

이렇게 국학에서 공부를 하다 관직에 오르면 졸업했는데, 수학과 관련된 관리에 대한 기록도 찾아볼 수 있어요.

부도(夫道)라는 이가 집안이 가난한데도 아첨하지 않고 글씨와 계산에 뛰어나 당시에 이름이 나 있었으므로, 왕이 불러 아찬으로 삼고 물장고(物藏庫)의 일을 맡겼다.

열심히 하세!

물장고는 신라시대에 나라에 필요한 물품을 보관하던 창고를 가리켜요. 계산이 뛰어난 부도라는 사람이 창고 일을 맡아 나라 살림을 담당하는 관리가 되었다는 것을 말하고 있어요. 나라의 많은 물건들을 정리하고 분류하기 위해 계산이 필요했고, 부도는 지금으로 말하면 나라의 경제를 담당하는 관리가 된 거예요. 이때가 251년의 일로 우리나라에서 수학과 관련된 관리에 대한 가장 오래된 기록이에요.

그러니까 삼국시대의 공식적인 수학 수업은 국학이라는 교육기관에서 주로 중국에서 들어오거나 우리나라에서 직접 만든 수학책을 가지고 이루어졌어요. 그런데 삼국시대에도 어려서 다른 나라로 공부하러 가는 조기 유학이란 것이 있었어요. 오늘날 조기 유학하면 주로 영어를 사용하는 미국이나 캐나다, 호주, 필리핀 같은 나라를 떠올리지만 당시에는 중국 당나라로 유학을 갔었지요. 당나라는 문화를 개방한다는 기본 방침

으로 신라인뿐만 아니라 아랍인이나 일본인 등의 유학생을 대거 받아들였기 때문에 수도인 장안이 늘 북적거렸다고 해요. 신라의 최치원(857년~?)은 12세의 어린 나이에 당나라로 조기 유학을 떠나서 공부하여 중국에서 과거에 급제하였고 뛰어난 글 솜씨로 이름이 높은데, 국자감에서 공부했으니 수학 공부도 했을지 모르겠어요. 후손이 부러워할 만한 훌륭한 업적 뒤에는 항상 엄청난 노력이 필요한 거예요.

최치원

이때 다른 나라의 수학은 어땠을까요?

중국 최초로 체계화된 수학책인 《구장산술》이 중국뿐만 아니라 우리 나라 수학에도 큰 영향을 미쳤다고 이미 말했지요? 《구장산술》이 정확하게 언제 쓰였는지는 알 수 없지만 대략 1세기 정도로 추측하고 있어요. 이후 중국 수학자들의 수학 연구는 이 책이 기본이 되었어요. 주로 《구장산술》에서 다룬 여러 주제에 대해 이해하고 부가적인 설명을 하는 식이었어요. 대표적인 수학자로 유휘(3세기)가 있어요. 유휘의 업적 중 가장 훌륭한 것은 원주율(원둘레와 지름의 비)의 계산이에요. 그전까지 사용한 원주율은 3인데, 이 값은 원의 지름을 1로 볼 때 원의 둘레를 3으로 본 다는 뜻이니까 그림처럼 원을 그 원에 내접한 정육각형과 동일시하는 대략적인 값이거든요. 그런데 유휘는 내접하는 정육각형에서 더 나아가 변의 수를 점차 두 배로 늘려가며 12각형, 24각형, ……에 대해 생각했어요. 내접 정육각형에서 원의 호를 반으로 나누어 꼭짓점과 이으면 정12각형이 되잖아요. 이런 식으로 확장한 내접 다각형의 둘레를 계산하여 원주율로 $\frac{157}{50}$, 즉 3.14라는

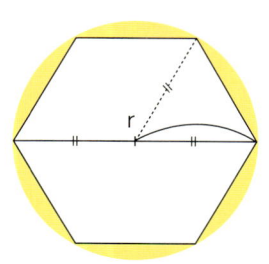

원과 내접 정육각형
지름이 2r, 정육각형의 둘레가 6r이므로 그 비는 3이에요.

값을 얻었어요. 바로 우리가 오늘날 사용하는 근삿값이에요.

　다른 수학자로 조충지(429~500)와 조긍이 있어요. 두 사람은 아버지와 아들 사이랍니다. 뛰어난 수학자이자 새로운 역법(달력)을 만든 천문학자인 두 사람은 많은 훌륭한 업적을 남겼어요. 그 중 가장 주목할 만한 것은 역시 원주율 계산이에요. 원주율의 근삿값이 3.1415926과 3.1415927 사이에 있다는 것을 알아내어 소수점 아래 일곱째 자리까지 계산을 해낸 거예요. 뛰는 놈 위에 나는 놈이라고 유휘보다 한층 앞서는 성과예요. 게다가 '모합방개'라는 새로운 도형을 이용하여 구의 부피를 계산하는 정확한 방법도 알아냈어요. 신라시대 국학의 수학교과서 중 한 권인 《철술》을 쓴 수학자가 바로 조충지예요. 그 책은 지금 남아 있지 않기 때문에 정확한 내용을 알 수는 없지만 너무 어려워서 웬만한 수학자들은 공부하기 어려웠다고 해요. 과연 얼마나 어려운 내용이었는지 궁금해요.

　중국 외에 수학이 발전한 다른 지역으로 인도와 아라비아를 들 수 있어요.

아들아, 우리가 원주율을 구해 보자구나.

예, 아버지!

3.1415926...

3.1415927...

　인도는 4세기에서 9세기에 걸쳐 문화의 절정기를 맞게 되었고 아울러 수학과 천문학이 함께 발달했어요. 인도 숫자의 탄생과 함께 직각삼각형에서 변 사이의 비율을 말하는 삼각비에 대한 연구가 처음으로 시작된 것은 세계 수학사에 기록될 만한 업적이에요.

이 시기의 유명한 인도 수학자로는 아리아바타(476~?)와 브라마굽타 (598~670)를 들 수 있어요. 두 수학자는 이전의 수학적 성과를 정리하고 보충하면서 많은 수학적 업적을 남기고 수학책도 집필했어요.

그런데 오늘날 우리가 매우 편리하게 사용하고 있는 인도·아라비아 숫자가 훨씬 일찍 중국과 우리나라에 들어올 뻔했대요. 당시 중국은 인도와 교류가 있었고 서적을 교환하면서 중국 사람들은 인도의 수학을 알고 있었다는 거예요. 인도의 수 표기법을 몰랐던 것이 아니라 알면서도 거부했다는 사실이 참 흥미로워요. 당나라에 인도의 수 표기법과 계산법이 소개되었지만 산대의 편리함에 사로잡힌 중국인들에게 인도의 방법은 매우 이상하고 복잡한 것으로 평가되었으니까요. 인도 숫자와 산대 숫자의 한 판 대결에서 산대가 승리한 거예요.

알콰리즈미
1983년 소련에서 발행한 탄생
1200주년 기념 우표

한편 아라비아는 당시 세계 수학의 중심지였던 알렉산드리아(나일 강 하구의 도시)를 함락하면서 대제국을 건설하고 제2의 알렉산드리아라고 불릴 만한 바그다드라는 도시를 중심으로 수학사에서 중요한 한 획을 긋는 시기를 맞게 되어요. 가장 대표적인 수학자는 알콰리즈미(780경~830경)예요. 알콰리즈미는 고대 그리스의 훌륭한 책들을 아랍어로 번역하는 연구를 하면서 많은 수학 논문과 책을 썼어요. 알콰리즈미의 성과는 유럽으로 전해지면서 아라비아 수학뿐만 아니라 세계 수학사에 지대한 영향을 미치게 되어요. 오늘날 계산절차를 뜻하는 '알고리즘'이란 말이나 수학의 한 분야인 '알제브라'란 말도 모두 알콰리즈미와 그가 쓴 수학책 《알자브르 알무카발라》에서 온 거예요. 알콰리즈미와 알고리즘, 알자브르와 알제브라, 비슷하지요?

이렇듯 세계 수학의 중심지는 서양이 아니었어요. 지역마다 고유한 수학적 활동이 있었고 결과를 쌓아갔어요. 오히려 서양의 수학과 과학 부흥의 발판이 된 인도와 아라비아의 수학이 절정을 향해 무르익던 시기였다고 할 수 있어요.

2
고려시대

고려시대 수학의 특징

고려시대는 외국과의 교류가 활발하게 일어나면서 안으로는 문화가 크게 발전하고 밖으로는 우리나라가 세계에 널리 알려진 시기예요. 외국인들이 우리나라를 '코리아(Korea)'라고 부르게 된 것도 고려라는 이름에서 유래한 것이에요. 그만큼 외국과의 교류가 많았다는 뜻이지요.

또한 우리와 가까운 중국에서는 송나라가 비약적으로 문화를 발전시

켰어요. 그래서 송나라 때를 '동양의 르네상스'라고 부를 정도예요. 주변의 나라들과 활발하게 문화 교류를 하면서 국력이 강해지던 고려시대의 수학은 어떠했을까요?

첫 번째로 꼽을 수 있는 고려시대의 수학이 지닌 특징은 통일신라시대와 크게 다르지 않았다는 것이에요. 고려시대의 수학은 통일신라시대의 수학을 그대로 이어갔거든요. 외국과의 교역이 많아지고 인구가 늘면 수학도 발전을 해야 하는데 고려시대의 수학이 크게 발전하지 못한 것은 수학의 활용에 대한 생각 때문이에요.

고려시대의 수학은 여전히 나라에서 담당했어요. 나라에서 필요로 하는 것만 활용했다는 말이지요. 당시 중국의 송나라는 다른 문화처럼 수학 연구도 최고로 발달하여 일반 사람들까지도 수학에 관심을 갖고 연

구하여 다양한 수학적 업적을 남겼지만 고려에서는 관리 이외에 수학을 공부한 사람들이 그다지 없었어요.

상황이 이렇다 보니 다양한 수학 분야에 대한 연구가 이루어질 수 없었지요. 앞에서 살펴본 《구장산술》에서 크게 벗어나지 못했어요. 농업 위주의 전통 사회에서 관리들만이 주로 수학을 사용했기 때문에 기본적인 교과서처럼 사용된 《구장산술》의 수학 지식만으로도 충분했던 거예요.

게다가 안타까운 것은 당시에 사용했던 수학책이 하나도 남아 있지 않다는 점이에요. 어쩌면 중국과 다른 수학 연구가 이루어졌을지도 모르지만 남아 있는 책이 없기 때문에 알 수가 없어요.

복식부기
돈이 들어오고 나가는 것, 손해와 이익, 자본, 비용 등 돈의 흐름을 한 눈에 알아보기 쉽게 정리하는 방법.

이렇게 보면 고려시대의 수학이 별 볼 일 없이 보이지만 훗날 르네상스(인간을 위한 예술·문화 등이 발달한 시기)를 이룬 이탈리아보다 200년 앞서서 복식부기(複式簿記)를 활용한 개성상인들도 있었고 또한 수학에 대한 꾸준한 관심 덕분에 조선시대에 들어 독자적인 수학을 발전시킬 수 있는 준비를 한 시기라고 할 수 있어요. 이제부터 본격적으로 고려시대로 가 볼까요.

산대를 종이에 옮기다

삼국시대에 중국에서 들어온 산대가 조선시대 말기까지 사용되었다는 것은 앞에서 보았지요? 어떻게 나타내었는지 기억을 되살려볼까요? 다음 수를 산대로 나타내어 보세요.

3456 7890

산대는 수를 나타내어 계산하는 도구였다는 것 기억나지요? 바닥에 늘어놓고 이리저리 옮겨가면서 계산하는 거예요. 그와 같이 실제로 산대를 이용해서 계산을 했지만 종이에 적을 때는 한자로 썼어요. 예를 들어 3456을 三千四百五十六(삼천사백오십육)이라고 쓰는 거지요.

그런데 이렇게 한자로 쓰면 계산을 할 때는 참 불편해요. 간단한 곱셈 문제로 3456×7890을 푼다고 하면 三千四百五十六 乘 七千八百九十(삼천사백오십육 승 칠천팔백구십: 乘은 '곱하기'라는 뜻)과 같이 한자로 표기해야 겠죠. 숫자 옆에 자릿값을 나타내는 천, 백, 십을 붙여서 나타내야 하니

까 삼천과 칠천의 곱인 이천백만…… 이런 식으로 계산 결과를 써 나가 야겠지요? 네 자리 수끼리 곱하는 이 문제도 복잡한데 더 많은 자릿수 의 수를 곱한다면 얼마나 불편하겠어요?

종이에 결과를 적을 때는 한자 숫자도 별 문제가 없지만 실제로 계산 을 할 때는 분명히 산대를 사용하는 것이 편리하니까 산대를 종이에 그 려서 나타내볼 생각이 들었어요. 그래서 등장한 것이 주식 숫자 예요. 원나라에서 시작된 것으로 알려진 이 주식 숫자는 산대를 종이 위에 그대로 옮겨 그렸다고 생각하면 돼요. 그러니까 기본 적으로 산대의 원리가 그대로 적용되고, 다만 다음의 몇 가지 차 이가 있어요.

주식 숫자의 가장 큰 특징은 0을 사용하기 시작했다는 점이에

원나라(1271~1368)
몽고 제국의 쿠빌라이 가 세운 나라. 후에 중 국을 점령하여 통일시 킵니다. 쿠빌라이는 징 기즈칸의 손자입니다.

요. 수학에서 0이 얼마나 중요한 숫자인지는 앞에서 살펴보았어요. 0을 사용하면 적을 때 매우 편리해져요. 산대로 늘어놓을 때의 빈 자리를 ○로 채워 넣음으로써 인도·아라비아 숫자처럼 0을 쓸 수 있게 된 것이지요.

주식 숫자를 쓰는 원리는 산대의 숫자 표기와 같지만 숫자 사이에 간격이 없어요. 보기에도 좋고 종이가 귀하던 시절에 지면을 절약하는 효과도 있었겠네요.

또 하나 음수는 일의 자리의 숫자에 빗금을 그어 나타냈어요. 실제로 산대로 나타낼 때는 산대의 색깔을 달리 했거든요. 그러니까 주식숫자에서 일의 자리에 빗금이 그어져 있는 것은 지금의 방법대로 하면 앞에 음의 부호 −(마이너스)를 붙인 것과 같아요. 그런데 일의 자리가 0일 때는 또 달라요. ○에는 빗금을 긋지 않고 다음 자리에 그어 나타냈거든요.

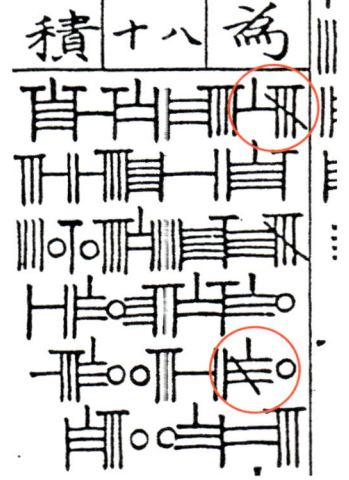

정리를 해보면 계산을 평소처럼 산대로 하고 그 계산 과정을 기록할 때 주식 숫자를 사용했다는 거예요. 고려 시대 수학책은 남아 있는 것이 없으니 조선시대 수학책에서 확인해 볼까요?

다음 쪽에 나오는 그림은 조선시대의 홍정하가 쓴 《구일집》의 한 쪽이에요. 세 개의 식을 적어놓은 것인데, 오늘날 우리가 쓰는 식과는 매우 다르죠? 이 책은 산대를 이용해서 식을 나타내는 방법인 '천원술'을 특히 많이 사용한 책이기 때문에 우리가 찾던 주식숫자가 자주 등장해요.

산대를 그려놓은 주식숫자에서 그 특징을 확인해볼 수 있어요. 숫자

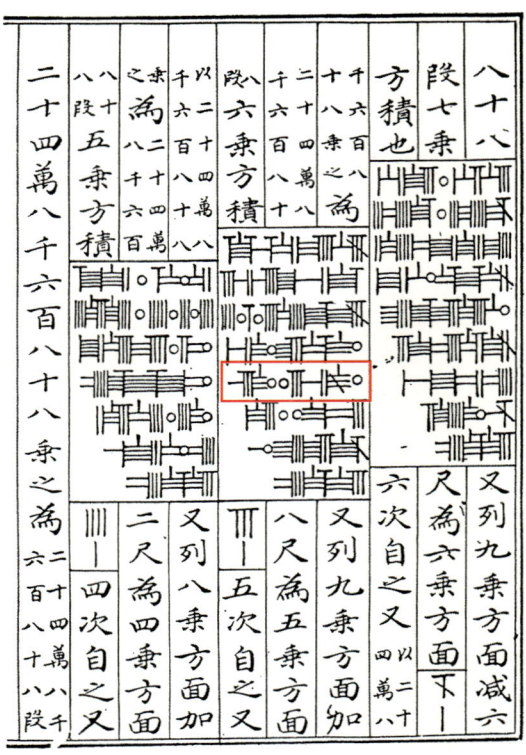

음수를 나타내기 위해 빗금 표시를 한 곳과 0의 자리에 동그라미를 넣은 것이 보이지요.

끼리 붙여 썼고, 0을 나타내는 동그라미나 음수를 나타내기 위한 빗금 표시가 보이네요. 음수에서 일의 자리가 0인 것과 십의 자리에 빗금을 그은 것도 보이지요? 가운데 식의 위에서 다섯 번째 배열 말예요. 일의 자리가 0이라서 십의 자리 수인 8에 빗금을 그은 거예요. 그 주식숫자 표기는 음수인 −1880081280을 나타내지요.

고려시대의 숫자 읽는 방법

삼국시대에 숫자 읽는 방법이 밝혀진 것은 몇 가지밖에 없었어요. 그렇지만 고려시대의 경우에는 《계림유사》라는 책 덕분에 자세하게 알 수 있어요. 계림은 우리나라를 가리키는 말이에요. 정확하게 말하면 신라를 가리키는 말이고요.

《계림유사》는 간행연대는 알 수 없지만 고려 숙종 때 개성에 왔던 송나라의 관리 손목(孫穆)이라는 사람이 당시(11~12세기) 고려인들이 사용하던 언어 353개를 추려 한자로 음을 달아 설명해 놓은 책이에요. 그러니까 고려시대 우리가 어떻게 발음했는지를 알려주는 매우 귀중한 자료예요. 예를 들어 위의 표를 보면 한자어 天을 고려 사람들이 어떻게 발음하는지 듣고 들리는 소리를 한자 '漢捺'의 음인 '한날'로 표

한자	발음대로 한자로 쓴 것	요즘 발음
天	漢捺(한날)	하늘
鬼	幾心(기심)	귀신
弓	活(활)	활
雲	屈林(굴림)	구름
被	泥不(니불)	이불
畵	乞林(걸림)	그림
行	欺臨(기임)	걸음
木	南記(남기)	나무

현한 거예요. 오늘날 하늘과 비슷하죠? 활은 똑같고, 귀신이란 소리가 기심처럼 들렸나봐요.

그럼 1부터 9까지 어떻게 읽었는지 살펴보죠.

한자	一	二	三	四	五	六	七	八	九
계림유사	河屯 하둔	途孛 도발	洒 세	廼 내	打戌 타술	逸戌 일술	一急 일급	逸答 일답	鴉好 아호
현재	하나	둘	셋	넷	다섯	여섯	일곱	여덟	아홉

앞에서 삼국시대에 숫자 읽기를 보았는데 거기서는 5를 우차, 7을 난, 10을 덕이라고 읽었어요. 많이 바뀌었지요. 다음은 10부터 90까지를 살펴볼까요.

수	10	20	30	40	50	60	70	80	90
계림유사	噎 일	戌沒 술몰	實漢 실한	麻雨 마우	舜 순	逸舜 일순	一短 일단	逸頓 일돈	鴉順 아순
현재	열	스물	서른	마흔	쉰	예순	칠순	일흔	아흔

규칙이 없어서 좀 불편하지요? 그런데 여기서 주의해야 할 것은 한자로 표기된 것을 당시에 어떻게 읽었는지 정확하게 알 수 없다는 거예요. 예를 들면 1을 河屯이라고 표기를 했는데 지금 우리는 '하둔'이라고 읽지만 당시에 중국사람들이 어떻게 발음을 했는지 정확하게 모른다는 거지요.

좀 큰 수들을 살펴볼까요?

수	100	1000	10000
계림유사	醞온	千천	萬만

100은 온이에요. 온은 평소에 여러 가지 또는 모든이라는 뜻으로도 쓰이는데 운동경기에서 "온몸으로 막았다"라는 말을 사용할 때 온은 '모든'이라는 뜻으로 쓰는 거지요. 그러니까 옛날부터 쓰던 말의 흔적이 아직도 남아 있다는 말이에요. 천과 만은 한자를 그대로 읽은 거예요.

그런데 언어학자들의 연구에 의해 천과 만을 예전에는 각각 즈믄, 두맨이라고 읽었다는 것이 밝혀졌어요. 천을 즈믄이라고 읽는 사례는 《삼국유사》에서 찾을 수 있어요. 향가 가운데 〈도천수대비가〉가 있어요. 여기서 갑자기 눈을 잃은 아들을 위해 어머니가 눈과 팔이 각각 천 개인 천수대비에게 빌어 눈이 뜨게 되었다는 내용이 나와요. 이때 천을 즈믄이라고 읽었어요.

두 무릎을 낮추며 두 손바닥 모아
천수관음 앞에 비는 말씀 두노라
즈믄 손에 즈믄 눈을 하나를 놓아 하나를 덜어
두 눈 감은 나니 하나를 숨겨주소서 매달리누나

〈도천수대비가〉 중에서

두맨은 북한에 있는 두만강에서 찾을 수가 있어요. 만을 두맨으로 읽는다는 것을 생각하면 두만강은 갈래가 만 개인 큰 강이라는 뜻이에요.

향가
한자의 음과 뜻을 빌려 우리말을 적어 놓은, 신라시대의 노래.

고려시대에는 수학을 어떻게 활용했을까요?

　고려시대의 수학은 통일신라시대의 수학의 연장선에 있다고 말했듯이 이전 시대와 수학을 연구하고 활용하는 데 큰 차이는 없었어요. 다만 몇 가지 특이한 점을 구별해 볼 수 있는데, 먼저 눈에 띄는 것은 풍수사상의 영향이에요.

　풍수라고 하면 땅속에 흐르는 기가 인간의 길흉화복(운이 좋고 나쁨, 나쁜일과 좋은일을 뜻함)에 영향을 미친다고 생각하는 것인데, 나라에서 도읍이나 절의 위치를 정하거나 가정에서 집이나 무덤 등의 위치를 정할 때 산과 물의 형세를 주의 깊게 살피는 것은 이 생각에서 비롯된 것이에요. 다른 말로 하면 좋은 기가 모여 있는 좋은 곳에 살다가 좋은 곳에 묻히겠다는 뜻이지요. 고려를 세운 태조 왕건이 '후손에게 남긴 10가지 지켜야 할 것(훈요십조)' 가운데 풍수에 대한 내용이 들어 있어 풍수 사상을 정치와 교육의 기본 이념으로 삼을 정도로 고려시대에는 풍수가 유행했어요. 하기야 요즘도 어른들이 새로 살 집을 구하거나 조상의 묘를 쓰기 위한 땅을 구입할 때 좋은 방향과 위치를 따지는 것도 다 같은 맥락이에요.

좋은 땅을 고르는 것이 수학과 무슨 관계가 있냐고 생각할 수도 있어요. 그렇지만 당시 좋은 땅은 햇볕이 잘 들고 물과 적절하게 떨어져 있어야 했고 언덕이나 산의 적당한 경사가 있는 곳이었어요. 따라서 햇볕이 잘 드는지를 계산하고 땅이 마른지 축축한지도 측량해야 했어요. 기본적으로 수학이 필요한 분야예요.

게다가 풍수에 음양오행 사상이 결합되면서 생각해야 할 것들이 더 많아졌어요. 세상만사를 음과 양의 두 가지와 화수목금토인 불, 물, 나무, 금, 흙의 다섯 가지로 해석하는 사상이에요. 예를 들어 고려의 역사를 기록한 《고려사》에 나오는 다음 말을 볼까요?

고려사
조선 시대 세종대왕이 명령하여 고려 시대의 역사를 정리한 책. 정인지, 김종서 등이 썼습니다.

하늘의 수, 땅의 수
음양 사상에 따라 1, 3, 5, 7, 9는 하늘(양)의 수, 2, 4, 6, 8은 땅(음)의 수라 생각했대요.

토지 측량은 정확히.

동쪽은 나무의 성질에 속하는데 나무의 생수(生數)는 3이며 성수(成數)는 8이다. 따라서 홀수 3은 양(陽)이고 짝수 8은 음(陰)이다. 우리나라에 남자가 적고 여자가 많은 것도 이런 이치 때문이다.

여기서 동쪽은 우리나라를 가리켜요. 그러니까 우리나라의 숫자는 3과 8이기 때문에 남자보다 여자가 더 많다는 뜻이에요. 무슨 말인지 정확하게 이해되지는 않지만, 숫자를 통해 인간의 삶을 해석하려는 의도가 엿보여요. 고려시대에는 크고 작은 전쟁이 많았어요. 전쟁이 나면 아무래도 남자들이 싸움을 하러 가게 되고 전쟁터에서 남자들이 많이 죽으면 남자가 여자보다 적게 되었을 거예요. 논리적이지는 않지만 당시의 이런 상황을 숫자를 통해 설명하려고 할 정도로 음양오행으로 머릿속이 꽉 차 있던 것이 분명해요.

그 외에 한반도의 두 번째 통일국가인 고려에서는 신라와 마찬가지로 토지제도, 조세제도, 상업과 관련하여 수학이 필요했어요. 나라의 경제를 확보하기 위해 세금을 공평하게 징수해야 했어요. 농본 사회에서 세금을 잘 걷으려면 무엇보다 토지 측량을 제대로 하고 토지별로 추수량을 파악하여 공평하게 계산하여 세금을 매겨야 백성의 원망을 사지 않고 나라의 살림을 위한

돈을 확보할 수 있겠지요. 또한 세금 징수 때나 상업의 공정성을 확보하는 데는 도량형의 정비도 매우 중요했어요. 곡식의 경우 섬, 말, 되, 홉, 작과 같은 단위 간의 관계를 다음과 같이 설정하고 그 도구를 표준화하기 위해 표준 도구를 만들어 보급하거나 각종 도구의 검사를 철저히 하는 등의 노력을 했어요.

1섬 = 15말, 1말 = 10되, 1되 = 10홉, 1홉 = 10작

이와 같은 노력에도 불구하고 토지의 모양을 정확하게 측량하거나 도량형을 엄밀하게 정하는 데는 한계가 있었던 것 같아요.

상업과 화폐

아무래도 계산을 중심으로 한 수학이 직접 많이 활용된 곳은 상업, 그러니까 장사였어요. 물건을 사고팔기 위해서는 양을 재거나 값을 정하면서 정확한 계산이 필요하니까요. 앞에서 본 것처럼 중국 송나라가 무역을 통해 큰돈을 벌게 되면서 고려 또한 무역이 활발하게 번성했어요. 당시 고려의 수도 개경(오늘날 개성을 부르는 고려시대의 이름이에요.)에는 많은 외국인들이 들락거렸다고 해요. 그 가운데에는 멀리 아라비아에서 온 상인들도 있었지요. 우리와 눈 색깔이 다르다고 해서 색깔 있는 눈을 가진 사람이라는 뜻인 색목인(色目人)이라고도 불렀지요.

외국에서 사절단이 오거나 개인 무역업자들이 개경을 찾아오면 큰 시장이 세워졌어요. 이처럼 다른 나라의 상인들이 찾아오면서 상업이 점차 확대되었지만 정작 실제로 이익을 챙긴 것은 고려의 상인이 아니라 중국 송나라의 상인들이었어요.

그 이유는 우리나라의 상업은 국가에서 관리를 했는데 국가는 상업보다는 농업을 더 중요하게 여겼기 때문이에요. 고려의 지배층이 상업에 대해 어떻게 생각했는지를 말해주는 기록도 남아 있어요. 공양왕 때 (1391년) 방사량이라는 사람이 이런 상소를 올렸어요.

농업이 가장 고생스럽고 공업이 그 다음이다. 상업에 종사하는 사람은 무리를 지어서 놀기만 하고 누에를 치지도 않고 비단옷을 걸치며 천한 신분이면서도 좋은 음식을 먹는다. 그 부는 왕실에 비길 만하고 그 생활은 왕이나 귀족에 비길 만하니 죄인이라 할 수 있다. 농부는 전답을 밟아 세금을 내고 장인들은 관청에 부역하되 상인은 이러한 것이 없고 또 세금이 없으니…….

상업에 대해 부정적인 생각을 갖고 있다는 것을 알 수 있죠? 위의 글을 보면 상인은 세금도 내지 않고 놀고먹는 사람으로 취급했던 것이에요.

형편이 이렇다 보니 나라에서는 상업에 대해 별로 신경을 쓰지 않았고 그 결과로 우리의 상업은 침체되고 따라서 고려의 상인보다 중국의 상인들이 돈을 더 벌 수밖에 없었어요. 우리나라에 "재주는 곰이 부리고 돈은 되놈(왕서방)이 번다"는 속담이 있어요. 여기서 되놈이나 왕서방은 중국 사람을 업신여기는 말인데, 고려시대의 상업만 놓고 보면 위의 속담이 그대로 들어맞았어요. 돈을 번 것은 중국 상인들이었으니까요.

　고려시대의 지배층이 상업에 신경을 쓰지 않은 증거 가운데 하나가 바로 화폐, 그러니까 돈이에요. 고려시대의 기본 화폐는 본래 쌀, 베 등의 물품화폐였어요. 예를 들면 쌀을 얼마 주고 생선을 사는 식으로 물건을 사고팔았다는 말이에요. 그러나 중국에서 만든 화폐가 고려에 들어오기 시작하자 우리나라도 화폐를 만들어 보급했어요. 최초의 금속화폐인 성종(996) 때의 건원중보를 비롯하여 해동통보, 삼한통보, 삼한중보, 동국통보 등 여러 이름을 가진 화폐가 만들어졌어요. 여기서 '해동'이니 '삼한'이니 '동국'이니 하는 것은 모두 우리나라를 일컫는 말이에요.

　화폐를 사용하면 물건을 사고팔기가 편리해져요. 시장에서 물건을 사기 위해 쌀이나 베를 짊어지고 가기보다는 화폐를 주머니에 넣고 가면 훨씬 간단하잖아요? 여러분이 가게에서 과자를 사기 위해 집에 있는 물건을 가지고 가야 한다면 불편하겠죠. 화폐는 상업이 번창하기 위해 반드시 필요한 물건이에요.

　해동통보를 만든 숙종의 친동생인 승려 의천은 금속화폐를 사용하면 다음과 같은 세 가지 이로움이 있다고 하면서 동전을 만들어 쓸 것을 권했어요.

첫째, 동전을 쓰면 운반하는 고통을 면할 수 있고,

둘째, 남을 속이지 않게 되어 가난한 자를 도울 수 있고,

셋째, 녹봉(벼슬아치에게 주는, 일종의 월급)의 절반을 동전으로 지급하면 농민들에게 녹봉미를 바치라는 독촉을 줄이고 흉년에 대비할 수 있으며, 권세 있는 자를 누르고 청렴결백한 관리를 도울 수 있다.

이렇게 왕 주변에서 금속화폐의 장점을 주장하자 몇몇 왕들은 여러 종류의 동전을 만들어 유통시켰지만 정작 고려시대에 동전들은 널리 사용되지 못했어요. 당시의 상업은 주로 농촌에서 생산된 곡식을 가지고 시장에 가서 생활용품으로 거래하는 수준에 머물렀어요. 물론 시장은 나라에서 관리를 했지만 이와 같은 상업 활동에 관련된 사람들이 주로 농민이나 물건을 만들어 파는 수공업자, 영세한 상인들이었기 때문에 굳이 금속화폐를 이용하지 않아도 쌀이나 베만으로도 별 불편함을 못 느꼈을 거예요.

그런데 이런 빈약한 상거래 상황에서도 상업을 발전시키고 뛰어난 장사 수완을 발휘한 사람들이 있었어요. 어떤 사람들일까요?

세계를 앞서간 개성상인

　고려시대에 가장 눈에 띄는 상업 활동을 한 사람들은 개성상인이에요. 이들은 지금은 북한에 있는 개성을 중심으로 중국과 일본 등과 교역을 해서 그 이름을 널리 알렸어요. 개성상인은 고려시대뿐만 아니라 조선시대에도 계속해서 왕성한 활동을 했어요.

　개성상인들은 예성강 하구의 벽란도를 중심으로 활동했고 이곳을 통해 각국의 사신들은 물론이고 송나라와 아라비아, 일본 상인들이 드나들며 국제 교역의 항구 역할을 했어요. 여기서 송나라로부터 도자기, 비단, 차, 향료를 수입하는가 하면 금은 세공품, 나전칠기, 화문석 등 고려의 많은 산물을 수출했는데 그 가운데 가장 유명한 것은 인삼이었어요. 고려 인삼은 당시 최고의 약재로 인정을 받았기 때문에 많은 돈을 벌어들였어요. 나라에서 상업을 장려하지 않았지만 고려시대 고위 관리의 무덤에서 출토된 송나라의 동전들은 송과 고려 사이의 경제적 교류가 얼마만큼 활발하게 이루어졌는지를 말해주고 있어요.

　다른 나라를 상대로 무역을 하고 상업이 활발하게 이루어졌으므로 그

이탈리아 상인 파치올리(1446?~1517)
복식부기 형식을 《산술집성》이란 책에서 소개하였어요. 그런데 이는 동양보다 200년 뒤늦은 것이에요.

과정에서 수입과 지출을 정확하게 기입하고 수익을 계산하는 일은 매우 중요했어요. 또한 거래된 돈의 액수도 작지 않았기 때문에 복잡한 계산을 꼼꼼하고 정확하게 하는 방법이 필요했지요.

그래서 개성상인들은 사개치부법이라는 것을 만들어냈어요. 여기서 사개는 '준 것', '받은 것', '손해', '이익'의 네 가지를 뜻하고, 치부법은 장부를 기록하는 방법을 말하므로, 사개치부법이란 결국 이 네 가지가 긴밀하게 관련되도록 정확하고 편리하게 기록하는 장부정리법을 말하는 거예요. 요즘은 이런 방법을 복식부기라고 하는데, 사개치부법은 오늘날 우리가 사용하는 서양의 복식부기와 그 원리가 똑같기 때문에 세계적으로 학계의 주목을 받게 되었어요. 왜냐하면 사개치부법은 이탈리아의 상인 파치올리가 만든 서양의 복식부기보다 무려 200년이나 앞서서 발명되었기 때문이지요. 개성이 그만큼 상업도시로 크게 발전했음을 알려주는 증거이겠지요.

사개치부법에서는 편리하게 기록하고 계산하기 위해 숫자를 한자로 기록하지 않고 '호산'이라는 특별한 부호를 써서 나타냈어요.

사개치부법에 사용하는 호산

　이렇게 개성은 상업 활동이 활발히 성행함으로써 부수적으로 수학적 발전에도 영향을 미칠 정도였지만 고려시대는 전반적으로 나라에서 상업을 중요하게 여기지 않아 크게 관심을 두지 않았기 때문에 상업과 관련하여 수학이 발전할 것을 기대할 수는 없었어요. 상대적으로 상업이 발달한 13세기의 이탈리아에서는 피보나치와 같은 상인이 직접 수학책을 쓸 정도였는데 말이에요.

고려시대의 수학책과 수학교육

　　고려시대의 수학은 통일신라의 전통을 계승했어요. 따라서 통일신라에서 사용했던 수학책을 거의 그대로 사용했어요. 통일신라의 수학교과서는 《철술》, 《구장》, 《삼개》, 《육장》이었는데 이 가운데에서 《육장》이 《사가》로 바뀌었을 뿐이에요.

　　고려시대의 교육제도 역시 통일신라를 그대로 이어 국학에 해당하는 국립대학이 있어오다 성종 때에 이르러 국자감이라는 이름으로 이전부터 있던 대학을 정비한 것으로 알려져 있어요. 여기에 수학이 독립적으로 들어 있지 않았어요. 수학이 공식적으로 포함된 것은 문종(1047~1082년) 때이며, 확실하게 자리를 잡은 것은 인종(1123~1146년) 때의 일이에요.

　　통일신라시대의 국학에는 보통 귀족 자제들이 입학한 것으로 알려져 있지만 실제로 산학 공부의 자격 기준은 확실히 알 수 없어요. 한편 고려시대에는 다음과 같은 입학 자격이 주어졌어요.

**8품 이하의 자제 및 서인 출신으로 하되, 7품 이상의 자제도
원하면 허락한다.**

  학문에 따라 입학 자격에 구분이 있어서 신분 때문에 자기가 하고 싶
은 공부를 하지 못하는 일도 있었겠죠. 요즘 같으면 상상할 수도 없는
일이죠? 고려시대의 수학 관련 업무는 기술직으로 여겨졌고, 따라서 위
와 같이 하위 관리들이 주로 담당하게 되고 그 자식들이 다시 수학을
공부하는 기회를 얻게 되었어요. 이러한 경향은 조선시대에도 그대로 이
어져 수학 교육이나 기술 관리는 양반과 상민의 중간 계층인 중인에 의
해 주로 이루어져요.

  일단 학교에 들어가면 3년이 지나야 과거 시험에 응시를 할 수가 있었
어요. 그리고 수학은 아니지만 같은 기술부에 속한 율학의 경우 최대 6
년까지 공부할 수 있었던 것으로 보아 수학 역시 6년까지 학교에서 공부
할 수 있었을 것으로 추측되어요. 그러니까 3~6년 사이에 과거 시험에
합격해서 관리가 되는 것이 바람직한 일이었겠죠.

  기술 관리를 뽑기 위한 그 과거 시험을 잡과라 하고 특히 수학
과 관련된 시험은 명산과예요. 예전에 수학을 산학이라 불렀다는
말은 앞에서 보았죠?

  시험은 이틀에 걸쳐서 진행되었어요. 첫날에는 《구장산술》에
있는 10문제, 둘째 날에는 《철술》에서 4문제, 《삼개》에서 3문제,
《사가》에서 3문제를 풀어야 했어요. 그러니까 하루에 10문제씩
풀었다는 말이지요. 《구장산술》이 가장 중요하게 여겨진 게 분명
하죠? 더욱이 《삼개》나 《사가》에 대해서는 정확하게 알려진 바 없

품
벼슬자리의 등급. 정1품
에서 증9품까지 18단계
가 있습니다.

율학
범죄오· 형벌을 연구하
는 학문.

고 《철술》은 너무 어려워 오히려 사라졌으니 《구장산술》에 포함된 문제로 시험지를 만들어 볼까요? 고려시대 명산과 응시자 중 혹시 옆에 보이는 것처럼 이런 문제지를 받았을지도 모르지요.

이런 필기시험 외에 구술시험도 있었어요. 네 권의 책에 나오는 내용을 암송하거나 시험관이 묻는 문제에 대해 답변을 해야 했어요. 그런데 출제된 시험문제는 응용문제보다는 책 안에 있는 문제와 그 풀이를 얼마나 잘 기억하고 있는지를 확인하는 수준이었다고 해요. 수학이 암기 과목이라니, 좀 이상하죠?

수학을 공부한 관리를 뽑는 잡과에 대해서는 별로 기록이 없어요. 고려의 역사를 기록한 《고려사》에서 하나 찾아 볼 수 있어요.

998년 목종 때 1월에 4명, 3월에 11명이 급제했다.

일부러 기록을 하지 않았는지, 중요하지 않다고 생각했는지 모르지만 998년의 기록 이후 수학 관리를 뽑는 과거 시험에 대한 기록은 더 이상 보이지 않아요. 나라의 관청에 수학 기술 관리에 대한 기록은 있는데도 말이에요. 수학교육을 중요하게 여기지 않았던 고려시대 지도층의 생각과도 관계가 있을 거예요. 좀 아쉬운 대목이에요.

응시자 성명 :   수험번호 :

- -

다음 문제를 읽고 풀이 과정과 답을 쓰시오.

1. 원 모양의 밭이 있는데, 둘레가 30보, 지름이 10보이다. 밭의 넓이는 얼마인가?

2. 13500전을 내서 대나무 2350그루를 샀다. 한 그루에 얼마인가?

3. 베를 잘 짜는 여인이 있다. 매일 2배씩 증가하여 5일 동안 5자를 짰다. 매일 얼마씩 짠 것인가?

4. 1000전을 빌리는데 한 달 이자가 30전이다. 어떤 사람이 750전을 빌렸는데 9일 만에 갚았다. 이자는 얼마인가?

5. 넓이가 55225보인 정사각형이 있다. 한 변은 얼마인가?

6. 제방의 아래 너비가 2장, 위 너비가 8자, 높이가 4자, 길이가 12장 7자이다. 부피는 얼마인가?

7. 토끼가 먼저 100보를 달리고 나서 개가 250보를 뒤쫓아 갔는데 30보 못 미쳐서 멈추고 말았다. 개가 멈추지 않고 다시 달린다면 몇 보 가서 잡겠는가?

8. 여럿이 함께 물건을 구매하려고 하는데, 각자 8전씩 내면 3전이 남고 7전씩 내면 4전이 모자란다. 사람 수와 물건 값은 각각 얼마인가?

9. 참새 5마리와 제비 6마리가 있다. 모아서 무게를 달아보니 참새가 무겁고 제비가 가볍다. 그런데 참새 한 마리와 제비 한 마리를 서로 바꿨더니 저울이 평형을 이루었고 참새와 제비의 전체 무게는 1근이다.
   참새와 제비의 한 마리당 무게는 각각 얼마인가?

10. 높이가 1장인 대나무가 있다. 꺾여서 끄트머리가 땅에 닿았는데 뿌리로부터 거리가 3자이다. 꺾인 곳의 높이는 얼마인가?

고려시대의 천문학

고려시대가 통일신라시대의 수학교육과 제도를 계승했다는 것을 보았는데 달력 또한 다르지 않았어요. 전 시대에 쓰던 선명력을 그대로 사용했거든요. 당시 중국에서는 여러 차례 달력을 바꾸었지만 고려는 말기에 이르러 선명력을 수시력으로 바꾸었을 뿐이에요. 특히 일식과 월식을 계산할 때는 수시력이 채택된 이후에도 선명력을 그대로 사용했어요.

앞에서 보았듯이 일식은 사람들의 마음에 큰 영향을 미쳤기 때문에 정확하게 예측해야 했어요. 특히 일식이 일어나면 나쁜 일이 있을 징조라고 생각했기 때문에 더욱 그랬죠. 예전에는 사소한 일만 생겨도 좋고 나쁨을 따지던 때라서 일식처럼 큰 사건은 조심스럽게 다루어야 했어요. 몇 가지 기록을 볼까요?

선명력
중국 당나라때 사용한 역법으로, 과거 우리 조상님들이 오랫동안 사용했어요.

수시력
중국 원나라때 사용한 역법으로, 역대 중국 역법 중 가장 정밀하다고 알려졌어요.

1024년 5월 마땅히 일식이 있어야 할 것인데 일어나지 않았다.

1030년 올해 정월 15일에 일식이 있다고 보고하였는데 일어나지 않았다. 이것은 반드시 실력이 모자라기 때문이다. 1289년 3월 일식이 있었으나 일관이 예보하지 않았기 때문에 탄핵에 의해 처벌되었다.

이 외에도 일식을 예보했지만 일어나지 않았거나 일식이 일어났지만 예보를 하지 않았다는 기록도 있어요. 중국의 일식 예보에 의존한 적도 있어요.

1320년 충숙왕 때 원나라에서 일식이 있을 것이라고 알려왔기 때문에 새해를 축하하는 의식을 중지하고 신하들이 소복을 입고 일식을 기다렸지만 일식은 일어나지 않았다.

중국의 예보에 따라 하던 일을 멈추고 일식을 기다렸지만 일식이 일어나지 않았다는 거지요. 이것은 우리의 천체관측 실력이 모자라서가 아니라 독자적인 천문 활동이나 역법의 시행을 금지했기 때문일 거예요. 특히 중국 명나라 때는 주변 나라들이 천문이나 역법을 독립적으로 행하는 것을 엄격하게 금했다고 해요. 중국 황제가 하늘의 뜻을 받아서 전해 줄 테니 그것을 사용하라는 거죠. 참 거만하고 안타까운 노릇이지요. 나라마다 위치가 다르고 일기가 달라도 중국 황제의 허락 없이는 천문 공부를 하거나 달력을 만들 수도 없었으니까요. 그런 행동은 목숨을 걸고 해야 하는 일이었어요.

고려 초기에 천문이나 달력을 담당하던 국가 기관은 태사국이에요. 훗날 행정제도가 바뀌면서 서운관이라는 이름으로 바뀌어요. 서운관에는 천문을 담당하는 관리와 점을 치는 관리가 섞여 있었어요. 그러니까 미래의 일을 과학적인 예측보다 점을 통해 알아보려는 의도가 있었던 것이지요. 또한 이런 측면이 수학을 발전시키는 데 걸림돌이 되기도 했어요.

그러나 그것은 지금처럼 정밀하게 과학적 예측을 할 수 없었기 때문에 어쩔 수 없는 일이기도 했어요. 조선시대로 가면 이런 경향들에 변화가 생겨요. 더 과학적인 예측을 위해 노력하게 되고 수학 또한 큰 발전을 하게 되지요.

이때 다른 나라의 수학은 어땠을까요?

이 시기의 서양은 중세를 거치면서 학문적, 문화적 암흑기를 거치게 되어요. 따라서 수학도 정체기를 맞이하게 되지요. 반면 아라비아나 중국의 수학은 절정기를 이루던 시기예요.

중국에서는 '산경십서'에 기초하여 꾸준히 공부해오던 수학 실력이 일취월장하여 절정기를 이루게 되는 것이 10~14세기에 이르는 송·원나라 때예요.

혁혁한 업적을 남긴 수학자로는 가헌, 진구소, 이야, 양휘, 주세걸 등이 있어요. 이들의 업적 중에는 고차방정식의 해를 구하기 위한 일반화된 방법을 찾아낸 것, 연립합동식의 풀이, 직각삼각형의 문제, 방정식을 나타내는 방법, 급수 등이 있었는데, 잘 모르겠다고요? 맞아요, 여러분이 중학교 이후에 배우게 될 내용들이니까요. 어쨌든 매우 높은 수준의 수학 연구가 이루어졌다는 것을 알고 있으면 되겠지요. 특히 세종 자신도 공부했고 수학 관리를 뽑는 시험의 과목이기도 해서 조선시대에 아주 중요했던 것으로 여겨진 《산학계몽》 역시 이 시기에 주세걸이 쓴 책이에요.

이 시기에 수학 발달을 이룰 수 있었던 이유 중 하나는 개인적 연구에 의해서 이루어졌다는 점이에요. 이전까지의 수학 연구는 '산경십서'의 특성에서도 볼 수 있듯이 나랏일과 매우 밀접한 관계에 있는 것이었고 나라의 관리들에 의해 주도되었다고 할 수 있어요. 그에 비해 송·원 시대의 수학자 중에는 민간 수학자로서 스스로 수학 공부를 즐기고 책을 저술하고 제자들을 가르쳤던 사람들이 많았어요. 자유롭게 자기가 하고 싶은 공부를 하면서 후학들을 길러내며 연구 성과를 후세에 남길 수 있었던 거예요.

인도에서는 바스카라(1114~1193?)가 주목할 만한데 우리가 보기에는 잘못된 것이지만 0으로 나누거나 곱하는 것에 관심을 두어 무한의 개념에 대해 이해하려는 노력을 보여줘요. 그밖에도 산술 법칙에 대해 관심이 많았던 것 같아요. 그리고 자신이 쓴 책에 들어 있는 한 단원의 이름을 자신의 딸 이름을 따서 《릴라바티》라고 붙였어요. 그 책에는 흥미로운 문제가 많이 들어 있는데, 인도의 신 중 열 개의 손을 가졌다는 삼부

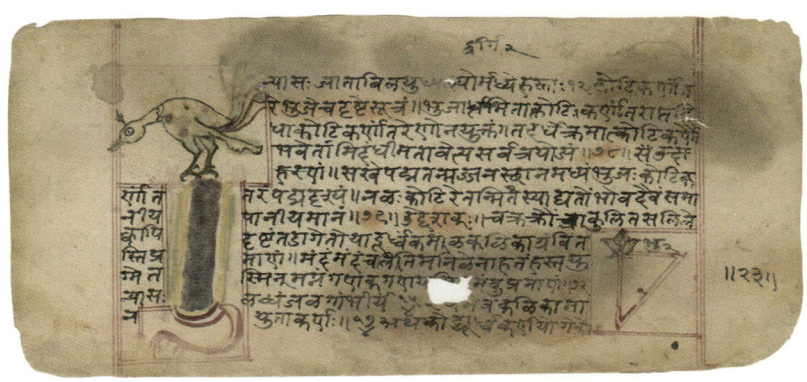

《릴라바티》 중에서

신이 주인공인 문제도 있어요. 신의 열 개 손에 노끈, 책, 뱀, 북, 해골, 삼지창, 침대, 칼, 활, 화살이 들려 있는데 이 물건들을 잡을 수 있는 방법이 몇 가지인가를 묻는 문제예요. 한번 구해볼래요?

그런가 하면 아라비아에서는 알콰리즈미 이후에 위대한 수학자들이 홍수를 이루게 되어요. 몇몇 수학자의 이름을 들어보면, 아불웨파(940~998), 알카르키(953~1029), 알비루니(973~1048), 알하젠(965?~1039?), 오마르 카얌(1050?~1123?), 알투시(1201~1274), 알카시(1370~1405)와 같은 사람들이에요. 천문학에 대한 관심에서 비롯된 삼각법이나 계산술에 대한 것은 물론이거니와 인도 수학의 전파, 기하 등 다양한 분야에서 빛나는 업적을 남겼어요. 당연히 아라비아 수학 발달의 절정기에 다다르게 된 것은 물론이구요.

세계를 정복하는 과정에서 고대 그리스 수학을 수용하여 발달시킨 아라비아의 수학 시대는 알카시의 죽음과 함께 막을 내리게 되고, 그 바통을 유럽으로 넘기게 되어요.

귀여운
내 딸
릴라바티.

"아리따운 소녀여!
내게 당신의 향기와도 같은
지혜를 보여주오.
꽃밭에는 벌떼가 날고, 벌떼의
5분의 1은 장미꽃에,
3분의 1은 벚꽃 향기와 재스민
향기에 빠져 허공을 맴돌고 있네.
꽃밭에 벌들이 얼마나 있는지
내게 말해주오."

릴라바티

3

조선시대

 # 조선시대 수학의 특징

15세기 초 우리나라에서 만든 세계지도인 '혼일강리역대국도지도'를 보면 지도의 중앙을 큰 땅덩어리가 차지하고 있어요. 그래요, 그 넓은 땅이 바로 중국이에요. 그 오른쪽에 위치한 우리나라가 보이죠?

사실 중국의 땅이 넓기는 하지요. 우리나라도 실제보다 훨씬 크게 그려 놓았고요. 그런데 이와 같이 그려진 지도에는 중국이 땅이 넓다는 뜻도 있지만 중국이 세상의 중심이라는 생각도 들어 있어요. 앞에서도 보았듯이 수학 또한 중국이 중심이었어요. 삼국시대부터 중국의 수학을 받아들였고 조선시대에도 크게 달라지지 않았어요.

지금까지 중국을 중심으로 한 동양의 수학은 서양의 수학과 달리 실제 생활에서 필요한 문제와 풀

혼일강리역대국도지도
1402년 권근·김사형·이무·이회가 만들었어요. 현재 일본 교토 류코쿠 대학에 보관되어 있어요. 신대륙 발견 이전 제작된 것으로, 우리나라 최초의 세계 지도일 뿐만 아니라 현재 존재하는 동양에서 가장 오래된 지도로서, 당시의 어떤 세계지도보다도 넓고 상세하게 그려져 있어요. 멀리 아프리카 대륙까지 있어요.

이의 형식으로 발전해 왔다는 것을 살펴보
았어요. 물론 그 과정에서 개념이나 원리
에 기초한 이론의 전개가 필요하게 돼요.
그것을 꼼꼼히 살펴보면 동양의 수학이 서
양의 수학보다 여러 면에서 앞선 부분을 발견
할 수 있어요. 적어도 서양에서 근대의 수학이
발전하기 이전까지는 동양의 수학이 앞선 부분
이 훨씬 많아요.

　조선시대의 수학에 대해서는 앞선 시대와 달리 우리의 선조들이 공부
하고 탐구한 수학적 내용을 직접 확인할 수 있어요. 지금까지 남아 있는
수학책들을 만날 수 있기 때문이에요. 책의 내용을 들여다보면 중국에
서 들여온 수학을 기반으로 한 연구와 더불어 더욱 일반화시킨 독자적
인 연구 결과도 많이 찾아볼 수 있어요. 뿐만 아니라 수학책을 집필하는
방식에서도 수학적 발전을 느낄 수 있어요. 문제와 풀이 위주의 방식을
탈피하여 왜 그렇게 되는지 원리를 설명하는 이론적 전개가 이루어지거
든요. 그만큼 수학에 대한 관심과 열정이 증가했다는 뜻이고 그로 인해
조선시대의 수학이 크게 발전한 것을 알 수 있지요. 때때로 중국의 수학
자들이 깜짝 놀랄 정도의 실력을 갖춘 수학자들도 등장했어요. 그리고
무엇보다 중요한 것은 이렇게 발전한 수학을 이용해서 여러 과학적인 발
전을 이루었다는 점이에요. 수학의 힘이 강해져야 과학의 힘이 강해진다
는 것은 상식이니까요.

　자, 이제부터 조선시대로 가서 수학자도 만나보고 재미있는 수학문제
도 풀어보아요.

큰 수를 읽는 방법

여러분은 얼마까지 큰 수를 읽을 수 있어요? 실제로 우리가 생활에서 사용하는 수는 커야 몇 십만 정도일 거예요. 가게에서 파는 과자는 몇 백 원, 몇 천 원 단위일 테고 큰 선물을 받아도 몇 십만 원 정도일 테니까요.

큰 수는 어떤 것이 있을까요? 세계의 인구는 60억 명이 넘어요. 일 년에 나라에서 쓰는 돈은 약 309조(2011년)라고 해요. 억, 조, 경 정도가 되면 도무지 가늠이 되지 않지요? 아래의 수를 한번 읽어볼까요?

$$1234567890123456789 0123$$

이 수를 읽기 위해서는 먼저 가장 큰 자릿값이 얼마인지 알아야겠지요. 365를 읽는다면 앞의 3백부터 읽어야 하는 것처럼 위의 수도 가장 먼저 나온 1의 자릿값을 알아야 해요. 그런 다음 각 자리 숫자에 차례차례 자릿값을 붙여 읽으면 되겠지요. 그렇다면 여기서 먼저 확인을 해야 할 것은 자릿값의 이름이에요.

　오늘날에는 일, 십, 백, 천, 만이 되고 만을 일만으로 생각하여 다시 십만, 백만, 천만, 억이 되는 식이지요. 억에서 다시 십억, 백억, 천억까지 가고 그 다음은 새로운 이름인 조가 되지요. 이렇게 새로운 이름 다음에 십, 백, 천의 세 자리가 더 나오고 다시 새로운 이름이 등장하는 거예요. 조다음의 이름은 경입니다. 차례대로 살펴볼까요?

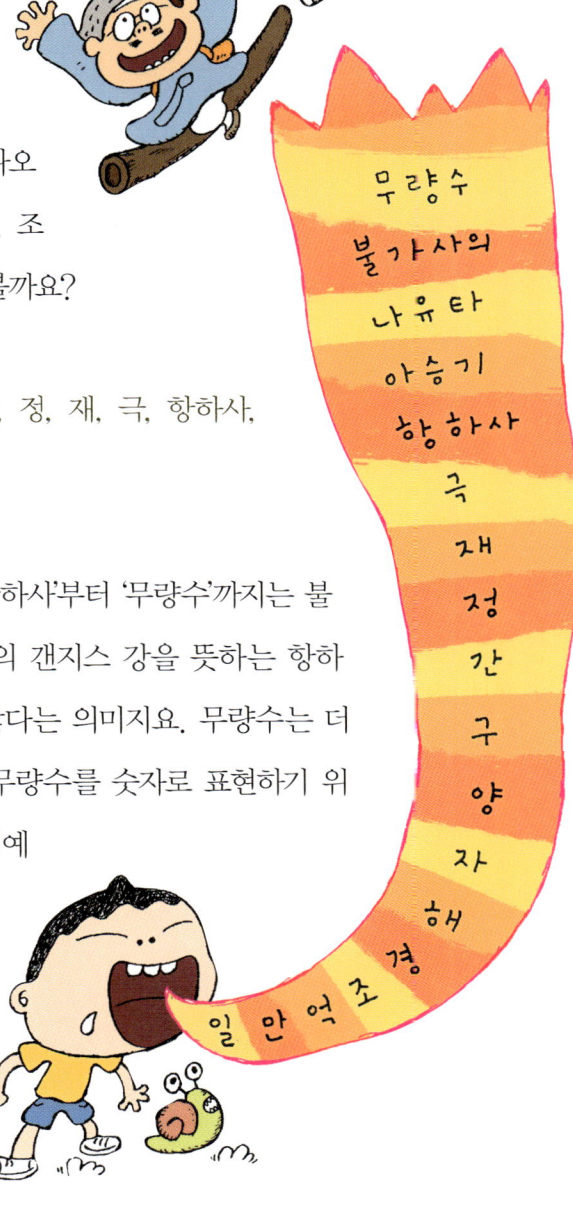

　일, 만, 억, 조, 경, 해, 자, 양, 구, 간, 정, 재, 극, 항하사, 아승기, 나유타, 불가사의, 무량수

　뒤쪽으로 갈수록 낯선 이름이지요? '항하사'부터 '무량수'까지는 불교에서 나온 용어예요. 항하사는 오늘날의 갠지스 강을 뜻하는 항하에 있는 모래라는 뜻으로, 즉 엄청나게 많다는 의미지요. 무량수는 더이상 수를 헤아릴 수 없다는 뜻이고요. 무량수를 숫자로 표현하기 위해서는 0을 팔이 아플 정도로 써야 할 거예요. 이 자릿값의 이름은 《산학입문》에 나와 있어요.

　그럼 다시 앞에서 본 긴 수를 읽어봐요.

1 2 3	4 5 6 7	8 9 0 1	2 3 4 5	6 7 8 9	0 1 2 3
백 십 일	천 백 십 일	천 백 십 일	천 백 십 일	천 백 십 일	천 백 십 일
해	경	조	억	만	

앞의 1은 백해 자리에 있네요. 그럼 이제 읽을 수 있겠지요. '백 이십 삼해 사천 오백 육십 칠경 팔천 구백 일조 이천 삼백 사십 오억 육천 칠백 팔십 구만 백 이십 삼'이에요. 숨이 다 차네요.

그런데 조선시대 수학책에 나와 있는 큰 수 읽는 법은 이름은 같은데 끊어 읽는 방법이 달랐어요. 오늘날 우리가 수를 읽을 때 '일, 십, 백, 천'을 반복하지만 조선시대에는 '일, 십, 백, 천, 만, 십만, 백만, 천만'을 반복했거든요. 그러니까 네 자리씩 끊는 것이 아니라 여덟 자리씩 끊어 읽었다는 뜻이에요.

《구수략》에는 큰 수 읽는 방법에 대한 예로써, 무려 21자리 수인 2821 10990745600000000을 제시해 놓았어요. 여덟 자리씩 끊어서 표시하면 28211,09907456,00000000이므로 앞자리를 만조부터 시작하면 되겠네요. 이만 팔천 이백 일십 일조 구백 구십만 칠천 사백 오십 육억이에요.

1 2 3 4 5 6 7	8 9 0 1 2 3 4 5	6 7 8 9 0 1 2 3
백 십 만 천 백 십 일 만 만	천 백 십 만 천 백 십 일 만 만 만	천 백 십 만 천 백 십 일 만 만 만
조	억	

마찬가지로 앞의 수를 조선시대처럼 읽으면 이렇게 돼요.

맨 앞자리가 백만조 자리이므로 '백 이십 삼만 사천 오백 육십 칠조 팔천 구백 일만 이천 삼백 사십 오억 육천 칠백 팔십 구만 백 이십 삼'이 라고 읽어야겠죠. 적어도 18세기까지는 이렇게 읽었어요.

더 어렵다고요? 어렵게 보이는 것은 우리가 익숙하지 않기 때문이에 요. 조선시대 읽는 방법대로 읽으면 같은 자릿값 이름으로 더 많이 읽을 수 있기 때문에 훨씬 큰 수까지 읽을 수 있는 장점이 있어요. 비교를 해 보면 쉽게 알 수 있어요.

숫자로 쓰면: 12345678901234567890123

요즘에 읽는 법: 백 이십 삼해 사천 오백 육십 칠경 팔천 구백 일조 이천 삼백 사십 오억 육천 칠백 팔십 구만 백 이십 삼

조선 시대에 읽는 법: 백 이십 삼만 사천 오백 육십 칠조 팔천 구백 일만 이천 삼백 사십 오억 육천 칠백 팔십 구만 백 이십 삼

같은 수를 읽는 데 자릿값 이름이 오늘날은 '해'까지 필요하지만 조선 시대에는 '조'까지만 있으면 충분하잖아요.

작은 수를 읽는 방법

큰 수를 읽어보았으니 이제 거꾸로 작은 수를 읽어보죠. 오늘날 작은 수는 소수로 나타내어 소수점 아래에 나오는 숫자들을 자릿값을 붙이지 않고 그냥 읽으면 됩니다.

1.234 : 일점 이삼사

그러나 조선시대에는 소수점을 쓰지 않았기 때문에 이런 방식으로 읽을 수가 없었어요. 조선시대에는 작은 수를 읽을 때도 자릿값의 이름이 있어서 큰 수를 읽을 때처럼 그 이름을 숫자에 붙여서 읽었어요. 소수점 아래 여덟 자리까지의 이름은 이래요.

분, 리, 호, 사, 홀, 미, 섬, 사

어렵지요? 혹시 야구를 좋아하면 타율이나 승률을 계산할 때 할푼리를 쓴다는 것을 알 거예요. 어떤 타자가 14번 나와서 6번 안타를 쳤다고 하면 0.428이라고 쓰고 4할 2푼 8리라고 읽어요. 이때 할푼리는 비율을 나타내기 위해 사용하는 용어예요. 4할 2푼 8리면 엄청난 강타자지요.

그런데 그 비율은 6 나누기 14를 했을 때 0.4285714285714……가 되고 끝이 나지 않는 소수에서 소수 셋째자리까지만 이용한 거예요. 이 소수를 조선시대 사람들이 읽는다면 위에 적은 이름 외에 더 많은 이름이 필요하겠지요? 위에 적은 것으로 소수 여덟 자리까지 읽는다면 사분 이리 팔호 오사 칠홀 일미 사섬 이사가 되겠지요. 물론 그 이후에도 있어요.

진, 애, 묘, 막, 모호, 준순, 수유, 순식, 탄지, 찰나,
육덕, 허, 공, 청, 정

작은 수도 읽어 보자.

그런데 '분'에서 '사'까지와는 달리 '사'에서 '진'으로 갈 때는 큰 수에서처럼 여덟 자리씩 건너 뛰어요. 그다음 '애', '묘' …도 마찬가지예요. 그래서 정까지 가면 소수 128자리예요. 그리고 탄지부터 정까지는 역시 불교에서 유래한 이름이에요. 이 가운데 익숙한 것이 하나 있지요? 바로 '찰나'라는 말이지요. 흔히 아주 짧은 순간을 가리킬 때 "막 ~하려고 하는 찰나였다"라는 표현을 많이 쓰지요. 그리고 '탄지'는 손가락을 튕긴다는 뜻으로 그만큼 짧은 순간이라는 뜻이에요.

큰 수를 읽을 때 사용했던 수를 소수점을 찍어 나타내서 조선시대에 했듯이 한번 읽어볼까요.

1 2 3 4 5 6 7 8	9 1 2 3 4 5 6 7	8 9 1 2 3 4 5 6
분 리 호 사 홀 미 섬 사	천 백 십 만 만 만 만 천 백 십 일 진	천 백 십 만 만 만 만 천 백 십 일 애

'일분 이리 삼호 사사 오홀 육미 칠섬 팔사 구천 일백 이십 삼만 사천

오백 육십 칠진 팔천 구백 일십 이만 삼천 사백 오십 육애'라고 읽으면 돼요.

그렇지만 너무 큰 수나 너무 작은 수는 거의 읽을 기회가 없었어요. 조선의 수학자 경선징이 쓴 《묵사집산법》이라는 책을 보면 "진 이하는 이름은 있지만 쓸모가 없다"라는 말이 나와요. 조선시대에도 진 이하의 작은 수는 읽을 기회가 거의 없었다는 말이겠지요. 실제로 수학책의 문제 풀이를 보면 분, 리, 호, 사 정도까지만 계산해 놓고 나머지는 '남은 수가 있다(有奇)'라든가 '끝이 없다(不盡)'라고 표시하여 생략해 놓았거든요.

그렇지만 재미있잖아요? 수의 자릿값 이름이 우리가 자주 쓰는 용어인 찰나나 허공 등의 의미와 관련 있다는 것이 말이에요.

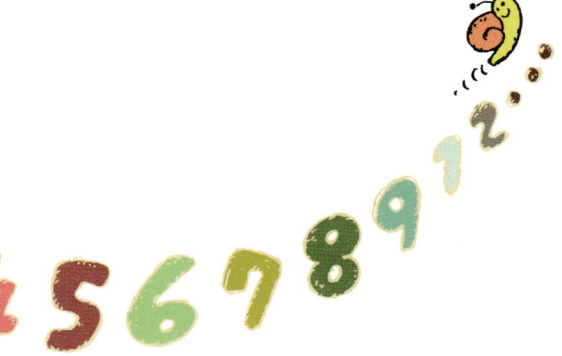

조선시대의 계산법

초등학교 수학에서 배우는 것 가운데 가장 중요하고 나중에 더 어려운 수학을 공부하기 위해 가장 기본이 되는 것이 바로 덧셈·뺄셈·곱셈·나눗셈이에요. 그것은 조선시대에도 다르지 않았어요.

조선시대의 계산 방법은 오늘날과 비슷해요. 다른 점이 있다면 우리는 인도·아라비아 숫자를 사용해서 종이와 연필을 가지고 계산을 하지만 조선시대에는 산대를 이용해서 실제로 조작하면서 계산을 했다는 점이에요. 산대에 대해서는 앞에서 살펴보았죠.

먼저 덧셈과 뺄셈을 살펴보지요. 오늘날과 두 가지 차이가 있어요. 우선 우리는 더하거나 빼는 수를 모두 적지만 산대로 더하거나 뺄 때에는 두 수 가운데 하나만 산대로 늘어놓고 다른 수는 머릿속에 넣고 계산했어요. 그리고 계산 순서도 맨 아랫자리부터 계산하는 것이 아니라 반대로 맨 윗자리부터 계산을 했어요.

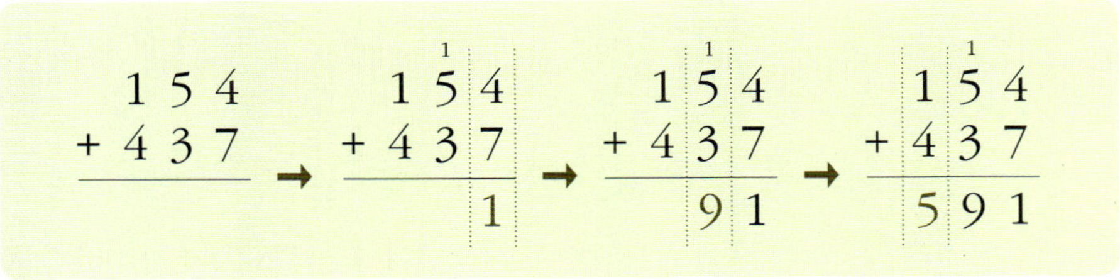

오늘날 덧셈 방법

한번 산대로 덧셈을 해 볼까요? 154+437을 더하는 과정은 다음과 같아요.

1. 먼저 154를 산대로 늘어놓아요. 437은 머릿속에 들어 있지요.

   丨三 丨丨丨丨

2. 백의 자리부터 계산하므로, 1에 4를 더해요. 554예요.

   丨丨丨丨 三 丨丨丨丨

3. 십의 자리에서 5에 3을 더합니다. 584가 되었지요?

   丨丨丨丨 ⊥ 丨丨丨丨

4. 일의 자리에서 4에 7을 더합니다. 11이므로 십의 자리로 받아올림하여 591을 구합니다.

   丨丨丨丨 ⊥ 丨

쉽지요? 뺄셈도 같은 방법으로 하면 돼요.

이번에는 곱셈을 해볼까요? 직접 문제를 하나 풀어보지요. 문제는 85×67.

곱셈을 하는 몇 가지 방법이 있는데, 그 중 두 가지를 해보지요. 산대로 나타내는 것에 익숙하지 않으니까 우리가 쓰는 방식대로 인도·아라비아 숫자로 쓰도록 하지요.

첫째 방법은 세 줄이 필요해요. 윗줄에는 85를 늘어놓고 가운데 줄은 비우고 밑줄에 67을 늘어놓아요. 역시 덧셈처럼 큰 자리부터 곱해나가면서 그 곱을 가운데 줄에 늘어놓는 거예요.

1. 윗줄에 85, 밑줄에 67을 놓아요.

```
        8  5


        6  7
```

2. 곱하는 수의 일의 자리를 곱해지는 수의 맨 윗자리에 맞추어 놓아요.

```
        8  5


     6  7
```

3. 곱해지는 수의 8과 곱하는 수 67을 곱하여 곱하는 수 67의 자리에 맞추어 그대로 써줍니다. 8×6=48이므로 480, 8×7=56을 480에 더하여 536이 됩니다.

```
           8  5
     4  8
        6  7
```

```
           8  5
     5  3  6
        6  7
```

차근차근 해봐요.

4. 이미 곱해진 8을 없애고 67을 한 자리 물립니다.

```
            |   |   | 5
    5   3   6 |
            | 6 | 7
```

5. 곱해지는 수의 5와 67을 곱합니다. 역시 옮긴 67의 자리를 맞추어 써줍니다. 5×6=30을 곱하는 수 6에 맞추어 쓰면 5660이 되고, 5×7=35를 더해주면 5695가 됩니다.

```
            |   |   | 5
    5   6   6 |
            | 6 | 7
```

```
            |   |   | 5
    5   6   9   5
            | 6 | 7
```

이번에는 포지금이라는 방법으로 해보지요. 먼저 곱하는 두 수의 자릿수만큼의 가로칸과 세로칸이 있는 표를 그려보세요. 여기서는 두 수가 모두 두 자리 수이므로 가로, 세로 각각 두 칸짜리를 그리면 되겠지요? 그리고 각 칸에 대각선을 그어요. 이것은 각 칸에 쓰일 수의 십의 자리와 일의 자리를 구분하기 위해서예요.

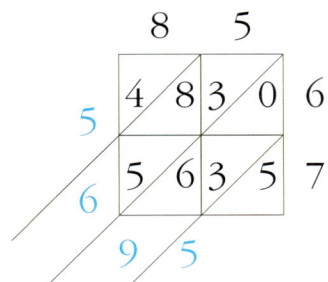

표의 위쪽에 85를 칸마다 한 자씩 적고 67은 표의 오른쪽에 역시 칸마다 한 자씩 적어요. 이제 각 칸의 위와 오른쪽에 있는 두 수를 곱하여 칸의 왼쪽에 십의 자리 수를, 오른쪽에 일의 자리 수를 각각 적어보세요. 그 다음 오른쪽부터 시작하여 대각선을 따라 적혀 있는 수들의 합을 구하여 아래쪽에 적으면 되지요. 맨 아래는 5, 그 다음은 3+6=9, 그 다음은 3+8+5=16이므로 6만 써주고 10은 받아올림하여 위의 4와 더하여 5가 된 거예요. 이렇게 얻은 곱은 5695가 되지요. 별로 어렵지 않지요?

한편 나눗셈은 좀더 복잡해요. 곱셈처럼 방법도 여러 가지예요. 자주 사용되었던 방법 중 하나로 구귀법이란 것이 있어요. 나누는 수가 한 자리 수일 때의 나눗셈 방법인데 그 나눗셈을 하려면 먼저 구귀제법이란 것을 외워야 해요. 곱셈구구처럼 노래를 만들어 외워 불렀어요. 예를 들어 3으로 나눈다면 '삼일삼십일, 삼이육십이, 봉삼진성십'이에요. 각각 10을 3으로 나눌 때 몫 3, 나머지 1이 되는 것, 20을 3으로 나눌 때 몫 6, 나머지 2가 되는 것, 30을 3으로 나눌 때 몫이 10이므로 앞자리에 1을 더해주는 것을 말해요. 이런 것들을 모두 외워야 하는 것이 매우 번거롭지요? 오늘날 나눗셈은 곱셈구구만 알고 있으면 되는데. 그래서 조선시대의 나눗셈 방법에 대한 자세한 설명은 생략할 거예요.

곱셈이나 나눗셈을 할 때 산대를 이용하여 계산을 하면 막대를 전체적으로 옮김으로써 10, 100을 곱하거나 나누는 등의 자릿값과 관련된 조작이 매우 편리하지요. 그런데 아무리 옛 선조들이 산대를 다루는 조작이 교묘했다 할지라도 불편한 점도 있었을 거예요.

가장 큰 단점은 계산을 하는 과정이 남아 있지 않고 산대의 모양이 매번 변하기 때문에 답이 틀린 경우 어디서 틀렸는지를 알 수가 없다는 거예요. 답이 틀리다면 처음부터 다시 계산을 시작해야 하겠지요. 혹은 한창 열심히 계산을 하고 있는데 누군가 옆에서 툭 치거나 강아지 한 마리가 뛰어다니다가 산대를 늘어놓은 모양이 바뀌면 계산이 엉망진창이 되겠지요? 생각만 해도 끔찍해요.

그리고 계산하기 위해 비교적 넓은 공간이 필요하다는 단점도 있어요. 산대를 늘어놓아야 하기 때문에 시험지 구석에 끄적거리며 계산하듯이 할 수는 없겠지요.

조선시대 사람들은 분수 문제도 다루었어요. 분수는 1보다 작은 양을 나타내기 위해서 이용하거나 나눗셈을 하는데 나누어떨어지지 않을 때 나누는 수를 분모, 나머지를 분자로 나타내는 거예요. 그건 조선시대에

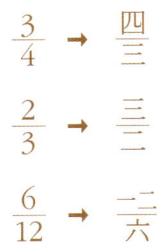

$$\frac{3}{4} \rightarrow \begin{matrix}四\\三\end{matrix}$$

$$\frac{2}{3} \rightarrow \begin{matrix}三\\二\end{matrix}$$

$$\frac{6}{12} \rightarrow \begin{matrix}二\\六\end{matrix}$$

조선시대의 수학책에서는 분수를 나타낼 때 분자와 분모의 위치가 오늘날과 반대였어요.

도 다르지 않아요. 다만 분수를 나타내는 방법은 달랐어요.

자(子), 모(母)라 하여 분자와 분모를 가리키는 용어는 있었지만 오늘날처럼 막대 기호를 이용해서 위에는 분자, 아래에는 분모를 나타내는 것이 아니라 그냥 한자로, 예를 들어 $\frac{1}{3}$ 이라면 삼분지일(삼분의 일)이라고 표시했지요. 굳이 산대로 나타내려면 분수를 소수로 고쳐 일의 자리 아래로 산대를 늘어놓았어요.

그런데 18세기 수학책에 보면 분수를 나타내기 위해 분모와 분자를 한자로 써서 막대의 위 아래로 배열한 표시가 나타나요. 다만 분모가 위로 가고 분자가 아래에 놓였다는 점이 달랐어요.

조선시대 수학책에 나오는 분수 문제를 몇 개 풀어보세요.

문제 1 말 56마리를 사려고 하는데 이미 21마리를 샀다면 몇 분의 몇을 산 것인가?

문제 2 갑은 실 $\frac{7}{8}$ 냥, 을은 실 $\frac{6}{7}$ 냥, 병은 실 $\frac{5}{6}$ 냥을 갖고 있다. 모두 얼마인가?

문제 3 갑은 비단을 $\frac{5}{7}$ 자 갖고 있고 을은 $\frac{3}{4}$ 자 갖고 있다. 누가 얼마나 많이 갖고 있는가?

문제 4 가로가 $\frac{9}{13}$ 보, 세로가 $\frac{11}{18}$ 보인 밭이 있다. 밭의 넓이는 얼마인가?

문제 5 돈 $6\frac{4}{5}$ 냥으로 구슬 $8\frac{3}{7}$ 냥을 샀다. 돈 1냥으로는 구슬을 얼마나 사겠는가?

'쌀에 보리가 태반이네'라는 말에서 태반이란 무슨 뜻일까요? 국어 사전을 찾아보면 '절반이 넘는다'는 뜻으로 상당한 양을 나타내기 위해 사용하는 용어입니다. 그런데 조선시대 수학책에서 그 말을 찾아볼 수 있어요. 분수 중 $\frac{2}{3}$를 부르는 또 다른 이름이 태반(太半)이예요. 셋 중 둘이니 반보다 많음을 나타내는 것이고 오늘날 많은 양을 나타내는 명사가 된 것이지요. 그 외에도 몇 가지 분수에 대해서 특별한 용어를 사용하였어요.

$\frac{1}{2}$은 중반(中半), $\frac{1}{3}$은 소반(小半), $\frac{1}{4}$은 약반(弱半), $\frac{3}{4}$은 강반(强半)이라고 하였지요.

쌀독에
보리가
태반이네.

노랫말로 만들어 외우는 수학

여러분은 구구단을 모두 외우지요? 구구단을 외우고 있으면 간단한 계산은 쉽게 할 수 있어요. 마찬가지로 조선시대 사람들도 계산을 하기 위해 알아야 할 것들을 노랫말 형식으로 외웠어요. 조선시대의 수학책

을 보면 덧셈·뺄셈·곱셈·나눗셈을 구구단처럼 외우는 방법이 나와 있어요. 《구수략》이라는 책에 덧셈을 하는 방법이 나와 있어요. 번역하면 이래요.

1에 1을 더하면 2, 2를 더하면 3, 3을 더하면 4, … 8을 더하면 9.
…
6에 1을 더하면 7, 2를 더하면 8, 3을 더하면 9.

우리는 덧셈 결과를 직관적으로 파악하기 때문에 덧셈을 외울 필요가 없지만 과거에는 덧셈도 외워야 했던 모양이에요. 오늘날의 곱셈 구구단인 구구합수는 다음과 같아요. 《산학입문》이라는 책에 나와 있는 거예요.

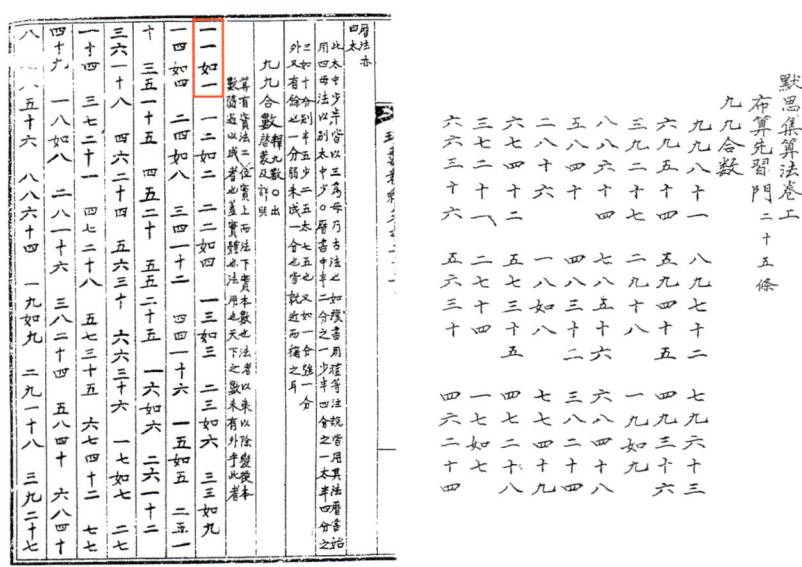

《산학입문》과 《묵사집산법》의 구구단

一一如一이란 글이 보이나요? 여기서 '여(如)'는 같다는 뜻이에요. 우리가 '이이는 사'라고 할 때 '는'에 해당하는 말이죠. 우리가 구구단을 노래처럼 외우듯이 당시에도 리듬을 가지고 외웠을 거예요. 한번 읊어 봐요. '일일여일, 일이여이, 이이여사, ……' 이렇게 보면 예나 지금이나 크게 다를 것은 없지요?

그런데 차이를 찾는다면 1단인 1×1=1부터 시작한다는 점이에요. 그리고 2단, 3단을 보면 뭔가 부족한 거 같죠? 그래요. 2단은 2×2=4까지만 있어 2×3=6 이후는 보이지 않아요. 2×3=6는 3×2=6에서 나오니까 생략한 거예요. 그러니까 3단은 3×3=9까지만 나오고 그 이후는 생략된 거고요. 그 사실에 대해 황윤석은 '구구합수는 한쪽 절반이고 거꾸로 생각하면 다른 한쪽 절반'이라고 말했어요. 또 하나 주의할 점은 당시의 가감승제 연산을 나타낼 때 三減五가 5-3을 말한다는 거예요. 그러니까 一二如二를 2×1=2로 생각하면 돼요.

우리는 나눗셈을 할 때 구구단만 외우고 있으면 계산할 수 있지만, 앞에서 말했듯이 조선시대 사람들은 나눗셈을 하는 데 필요한 노랫말도 따로 외워 불렀어요. '구귀제법'이라는 이름의 그 노래는 한 자리 수의 나눗셈에서 몫과 나머지에 대한 정보를 담고 있어서 제수가 한 자리 수인 경우의 나눗셈을 할 때 이용하곤 했어요. 오늘날 나눗셈 방법은 곱셈구구단으로 해결되니 참 다행이지요.

수학교육과 관리

조선시대까지 수학을 '산학'이라고 불렀다는 것은 앞에서 살펴보았어요. 조선시대에 수학을 공부해서 관리, 지금으로 하면 공무원이 된 사람을 '산원'이라고 불렀어요. 조선시대까지는 일상생활에서 필요한 계산 기능 이외의 수학 공부는 대부분 관리가 되기 위한 시험을 준비하는 과정에서 필요했어요. 그러한 목적으로 수학 공부를 한 사람들의 신분은 주로 중인이었어요.

그런데 조선시대가 되면 수학을 공부해서 시험에 합격하여 수학과 관련된 나랏일을 하는 산원이 된 사람뿐만 아니라 공부를 일삼는 사대부들 중에 자신의 박학다식한 학문 연구 및 교양의 일부로 수학을 공부하는 사람들이 생겨났어요. 조선시대의 사대부는 중인 산원이나 일반 사람들에 비해 사회적으로 특권을 누린 계층이었으므로 뜻만 있다면 수학을 공부하기에 유리한 위치에 있었고 결과적으로 다양한 수학적 업적을 남기게 되지요.

조선시대 초기에는 고위 관료들도 수학에 관심을 많이 가졌어요. 대

산학은 나에게
물어 보렴!

예,
정인지 대감님.

표적인 사람으로 조선 초기를 대표하는 학자로 영의정까지 올랐던 정인지를 꼽을 수가 있어요. 정인지는 세종에게 《산학계몽》을 강의할 정도로 수학에 대한 지식이 높았다고 해요. 모든 학문의 기초라 할 수 있는 수학에 대해 임금을 비롯한 고위 지식인층의 이런 태도와 공부하는 분위기가 있었기 때문에 세종 때에 훌륭한 과학기술이 발전할 수 있었지요.

그러나 조선 중기가 되면 여러분도 잘 아는 임진왜란·병자호란 등을 겪으면서 수학에 대한 관심이 크게 줄어들어요. 당장 혼란스런 사회를 안정시켜야 했기 때문이지요. 이런 상황은 조선 후기가 되면서 변하게 돼요. 산학(수학) 제도가 정비되고 중인들 가운데에서 수학을 연구하는 전문가 집단이 생기면서 다시 수학은 크게 발전을 하게 되지요.

그리고 관리가 되기 위해서가 아니라 교양과 흥미 때문에 수학을 연구하고 공부한 사대부들에 대해 이미 말했지요? 대표적인 사람으로 조선 후기 숙종 때 영의정까지 오른 최석정, 영조 때 언어학 등 다방면에 업적을 남긴 황윤석, 같은 시기에 실학사상에 입각하여 과학을 발전시킨 홍대용, 철종 때 승지·판서·대제학 등 높은 벼슬에 올랐던 남병철·남병길 형제를 들 수 있어요.

여러 수학자들은 뒤에서 만나보기로 하고 먼저 수학 관리가 되기 위해서 어떤 과정을 거쳐야 했는지 살펴보도록 해요.

지금도 공무원이 되기 위해서는 국가에서 시행하는 시험을 쳐야 하지요. 그것은 조선시대에 수학을 공부한 사람들도 마찬가지였어요. 수학 관련 업무를 보는 관리, 그러니까 산원이 되려는 사람은 먼저 수학을 공부해야 하겠지요?

조선시대에는 고려시대와 달리 산학을 성균관에 설치하지 않고, 기술관 과거시험인 잡과를 가르치는 십학 중 하나로 교육시켰어요. 실무 관청인 호조(戸曹)에서 주관하였어요.

여기에서 산학교수와 훈도가 가르친 학생 수가 성종 때는 15명이었다가 조선후기에는 계산을 요구하는 업무가 확대되면서 61명으로 늘어났어요. 일정기간 동안 수학을 공부하면 시험을 보게 되는데, 그 시험은 의술이나 통역처럼 기술 전문 관리를 선발하는 조선시대의 취재(取才) 중 하나였지요.

시험에 합격하면 처음에 종9품 회사(會士)라는 벼슬을 얻을 수 있어요. 그 이후 정9품인 훈도, 종8품인 계사, 종7품 산사, 종6품 산학교수와 별제로 승진을 할 수 있었지요. 호조에 속한 관직인데 실제 관직의 수는 매우 제한되어 있었기 때문에 서로 돌아가면서 하기도 하고, 더 높은 직책으로 승진하기가 힘들었어요.

산원들은 나라의 관리가 되어 연·월·일을 정하는 역법(달력), 세금을 걷기 위한 토지 측량 및 계산 등 수학이 필요한 일을 했어요. 그리고 신라나 고려시대 때의 산학박사와 조교를 대신한 훈도와 산학교수는 지금의 선생님처럼 수학을 가르치는 일을 담당했어요. 선생님이 되기 위해서는 공부를 많이 해야겠죠? 그만큼 훈도나 산학교수가 되는 일은 오랜 시간이 걸리는 힘든 일이었어요.

방금 호조의 수학 관련 직책을 보아서 알 수 있듯이 산원들은 특별한 경우를 제외하고는 종6품까지밖에 올라갈 수 없었어요. 종6품 위에도 많은 벼슬이 있지만 수학을 공부해서 관리가 된 사람은 더 높은 벼슬에 올라갈 수 없다는 뜻이에요. 그것은 조선시대가 계급이 분명한 시대였기 때문이에요.

그래서 산학과 같은 기술직을 담당하게 되는 조선 특유의 신분 계층이 생겨나게 돼요. 주로 농사를 지은 평민과 학문이나 나라의 주도권을 쥔 양반 사이의 특수 계급인 중인이에요. 중인들은 대개 통역관이나 산원과 같은 기술적인 일을 맡아서 했어요. 대부분의 양반들은 수학에 크게 관심이 없었고 평민들은 수학을 공부하기 힘든 환경이었기 때문에 중인들이 대대로 가업을 이어가듯 수학을 공부해서 관리가 되는 경우가 많았어요. 산학 취재에 합격하고 호조에 속한 수학 관리직을 담당하는 것이 중인 가문의 성공적인 대물림이었던 거예요.

그럼 어떤 사람들이 조선시대를 이끌어가는 수학적 업적을 남겼는지 알아볼까요?

조선시대의 수학자들

조선시대의 책 가운데 《주학입격안》이라는 것이 있어요. 이 책은 수학책은 아니에요. 주학은 수학의 또 다른 이름이고 입격은 시험에 합격했다는 뜻이므로 수학교육을 받은 관리를 뽑는 시험인 산학 취재에 합격한 사람들의 명단이라고 생각하면 돼요. 성종(1457~1494년) 때부터 조선 말기인 고종 때까지 약 400년 동안 산학 취재에 합격한 사람들의 이름이 기록되어 있는 책이에요. 그 수가 무려 1,600명이 넘어요. 시험을 통해 선발했기 때문에 수학 능력이 뛰어난 사람이 합격을 했겠지요.

그런데 1,600여 명의 혈연관계를 조사해보니 매우 흥미로운 결과가 나왔어요. 그것은 몇몇 집안의 사람들이 대거 포함되어 있다는 사실이에요. 그러니까 한 집안에서 증조할아버지, 할아버지, 아버지, 형제들이 차례로 시험을 통해 수학을 담당하는 관리, 산원이 되었다는 뜻이지요. 앞서 보았듯이 가문의 학문으로서 대물림하는 경향이 있었던 거예요.

아마 어릴 때부터 집안 여기저기에서 수학책을 쉽게 볼 수 있었을 것이고 어른들이 수학을 공부하는 모습을 보며 자랐을 거예요. 그 모습을 보면서 자기도 어른이 되면 산원이 되어야겠다는 꿈을 품기도 했겠지요. 게다가 조선시대에는 신분의 이동이 어려워 대부분 자기가 원하는 일보다 집안이나 사회에서 원하는 일을 해야 했거든요. 그래서 대를 이어 산원이 되는 것은 아주 자연스런 현상이었다고 추측할 수 있어요.

그 예로 조선시대의 대표적인 수학자로 꼽히는 홍정하(洪正夏, 1684~?)는 아버지, 할아버지, 외할아버지, 심지어 장인까지 모두 산원이었어요. 홍정하가 산원 집 딸과 결혼했다는 말이니까 혼인도 산원 집안끼리 한 모양이에요. 그뿐만 아니에요. 형제와 사촌 가운데에도 산원이 많았어요. 집안이 온통 산원이었다는 말이지요. 제사 등의 집안일로 가족이 한 곳에 모이면 수학에 대한 담화를 나누지 않았을까요?

홍정하 집안인 남양 홍씨 집안사람만 거의 100명 정도예요. 대단하죠? 그런데도 첫째가 아니라 두 번째예요. 가장 많은 산원을 배출한 집안은 경주 최씨거든요. 남양 홍씨 집안의 두 배가 넘는 산원이 적혀 있어요.

《주학입격안》에 기록된 산원 가운데 오늘날까지 남아 있는 수학책을 쓴 산원은 경선징(慶善徵, 1616~?), 홍정하, 이상혁(李尙爀, 1810~?)이에요. 이들은 산학 교수 및 훈도로서 제자들의 수학공부를 돕기 위해 교과서 형태의 책을 집필하기도 하고, 수학 연구자로서 자신의 연구 결과를 이론화하여 책으로 남기기도 했지요.

이와 별도로 사대부의 신분으로 수학 연구에 힘써 수학책을 펴낸 사람으

로 최석정(崔錫鼎, 1646~1715), 조태구(趙泰
耈, 1660~1723), 황윤석(黃胤錫, 1719~1791),
홍대용(洪大容, 1731~1783), 배상설(裵相說,
1759~1789), 남병철(南秉哲, 1817~1863)과 남
병길(南秉吉, 1820~1869) 형제 등이 있어요.

이들은 중인 신분의 산원에 비해 사회적으
로 특권을 누린 계층이었으므로 좀 더 여유
있고 폭넓게 수학 공부를 할 수 있었어요.
게다가 그 당시 동양 사회의 중심인 중국에 왕
래하며 학술적 교류를 나누거나 중국의 수학책을 접할 기회도 주어졌거
든요.

수학책을 쉽게 구해볼 수 있다는 이점 덕분에 다양한 책과 그 밖의
문서를 접할 수 있었고, 그 결과로 자신의 박학다식한 연구 결과를 정리
하기 위해 백과사전식 문집을 집필하면서 그 속의 일부분으로 수학 내
용을 포함시킨 것이 지금도 남아 있어요.

황윤석과 홍대용이 쓴 책은 그 대표적인 예라 할 수 있어요. 황윤석
의 수학책 《산학입문》과 《산학본원》은 《이수신편》이라는 문집에 포함되
어 있고, 홍대용의 수리 천문책 《주해수용》은 《담헌서》라는 문집 중 일
부이거든요.

이제부터 조선 수학자들의 활약상을 살펴볼까요.

중국의 수학자를 놀라게 한 조선의 수학자

때는 바야흐로 숙종 39년인 1713년 5월 29일, 30세의 비교적 젊은 수학자인 홍정하는 동료 수학자인 유수석과 함께 한 여관에 들어섰어요. 중국의 사신으로 조선에 와 있는 하국주라는 수학자가 그곳에 머물고 있기 때문이지요. 홍정하 일행은 말로만 들어온 중국 수학자를 직접 만나 중국 수학이나 중국에 들어온 서양 수학에 대해 한 수 배울 수 있는 좋은 기회를 얻은 거예요. 방 안에서는 조선의 두 수학자와 중국의 사신이며 수학자인 하국주, 그리고 양쪽의 만남을 주선하고 있는 중국 관리 아제도가 마주 앉아 수학에 대해 이야기를 나누기 시작했어요.

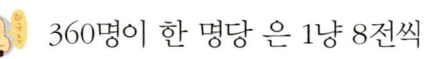 360명이 한 명당 은 1냥 8전씩 내면 모두 얼마인가?

 648냥입니다.

크고 작은 두 개의 정사각형이 있는데 넓이의 합이 468자이다. 큰 정사각형의 한 변은 작은 정사각형의 한 변보다 6자만큼 길다고 한다. 두 정사각형의 한 변은 각각 얼마인가?

큰 정사각형의 한 변은 18자, 작은 정사각형의 한 변은 12자입니다.

(이렇게 문제를 내고 답하기를 몇 차례 반복한 후)

 하 선생의 수학 실력은 천하에서 넷째이고 그 계산법이 배에 가득 차 있네. 자네들 정도로는 맞서 겨룰 수 없을 것이야. 하 선생이 여러 문제를 냈는데 왜 자네들은 한 문제도 내지 않는가? 실력을 시험해보게.

 여기에 공 모양의 옥 한 덩이가 있습니다. 그 안에 정육면체의 옥이 공에 닿은 채 들어 있습니다. 이 정육면체를 빼낸 나머지의 무게가 265근 15냥 5전입니다. 나머지의 두께는 4치 5분이라 할 때 정육면체 옥의 한 모서리와 공 모양 옥덩이의 지름은 각각 얼마입니까?

 이 문제는 너무 어려워서 바로 풀 수가 없네. 내가 내일 풀기로 함세.

(그러나 이후 아무런 풀이도 보여주지 않았다.)

 그런데, 지름이 10자인 원에서 그것을 둘러싼 정팔각형의 한 변을 구할 수 있는가?

(문제를 옳게 풀자)

 어떻게 하여 풀었는가?

 (이렇게, 저렇게……)

 아주 잘 풀었다. 고로 내가 써서 가지고 가겠소.

 이런 방법으로 풀 수도 있습니다. (어쩌고, 저쩌고……)

🗣️ 직각삼각형의 세 변을 모두 더하여 96자일 때, 세 변의 길이를 각각 구해보시오.

(풀어내자)

🗣️ 어떻게 풀었는가?

🗣️ 각각 3, 4, 5라면 합이 12이므로 세 수의 합 96을 나누어 9입니다. 따라서 각각에 9를 곱해주면 됩니다.

🗣️ 옳소. 직각을 낀 두 변의 가짓수가 240가지인 것을 알고 있소?

🗣️ 제가 알기론, 추론하면 4백 몇 가지에 이릅니다.

🗣️ 직각삼각형의 변의 관계에 대한 다른 풀이 방법을 말해 볼 수 있겠는가?

(유수석과 홍정하는 직각삼각형에 관한 이십 몇 개의 문제를 풀이까지 모두 보여주었다. 하국주는 이 역시 챙겨서 돌아갔다.)

🗣️ 수학자들이 다루는 여러 가지 이론 중에서 방정식의 풀이와 양수, 음수의 부호 규칙에 관한 것이 가장 어렵다고 생각하오. 자네들은 잘 알고 있는가?

🗣️ 방정식 풀이는 어렵지 않고 보통 수준의 이론이라고 생각합니다. 어떤 어려움이 있습니까?

🗣️ 중국에는 이러한 계산 도구가 없소. 얻을 수 있다면 중국에 가서 자랑할 만하오.

🗣️ 이것을 가져가십시오.

🗣️ 내 40개만 가져가겠소. 그리고 돌아갈 때 자네들의 이름을 써 놓고 가시오. 본국에 가서 조선의 수학을 알리겠소.

(홍정하와 유수석이 이름을 써놓고 떠난다.)

단순한 이야기가 아니라 거의 수학 토론장이나 수학 실력을 겨루는 장을 연상시키는 장면이에요. 그 출발은 하국주가 학교의 선생님처럼 문제를 내고 홍정하와 유수석이 학생처럼 대답하는 방식으로 시작했지만 시간이 지나면서 분위기는 바뀌어 수학적 능력은 양쪽이 대등하다 못해 오히려 조선의 젊은 수학자들이 낸 문제에 중국 수학자가 답을 못해 쩔쩔매거나 풀이 방법을 베껴가는 장면에서는 오히려 조선 수학자들이 우세한 위치를 차지하고 있네요. 아주 뿌듯하고 자랑스럽죠?

조선의 젊은 수학자들이 여건상 새로운 지식을 접하지 못했을 뿐이지 그 실력은 결코 중국 수학자에 비해 뒤지지 않으며, 오히려 창의적인 문제와 해법을 고안하여 연구하고 있었다는 사실에 대해 자부심과 환희를 느낄 수 있는 이야기예요. 이 이야기는 홍정하가 쓴 수학책인 《구일집》 잡록에 실려 있어요.

신분을 뛰어넘은 수학의 세계

남병철과 남병길 형제는 조선 철종 때의 수학자이자 천문학자로 고위 관리를 지낸 뛰어난 정치가이기도 했지만 조선시대 천문기관인 관상감을 맡으면서 많은 천문학책과 수학책을 썼어요. 형인 남병철은 수학책인 《해경세초해》와 천문학책인 《의기집설》, 《성요》 등을 썼지요.

조선시대 최고의 천문학자, 수학자로 꼽히는 동생 남병길은 30권에 이르는 많은 책을 썼어요. 대표적인 수학책으로 《구장술해》, 《산학정의》, 《집고연단》, 《측량도해》, 《유씨구고술요도해》, 《무이해》 등이 있어요. 특히 《구장술해》는 중국의 고전이자 동양 수학의 기본서인 《구장산술》을 알기 쉽게 풀이한 책이며, 3편으로 이루어진 《산학정의》에서는 비율과 사칙연산, 구고현, 고차방정식 등 당시에 다루어질 만한 전반적인 수학 주제에 대해 폭넓게 다루고 있지요.

또한 그가 쓴 천문학 책인 《성경》과 《시헌기요》는 우리나라 천문학 교육의 교과서가 될 정도로 뛰어났어요. 게다가 천문 기구인 적도의, 지구의, 사시의, 수륜차 등을 제작하기도 했어요.

남병길은 특히 수학에 능통해서 일식이나 월식 계산을 중국과 서양의 것을 비교하면서 완벽하게 계산해 냈으며, 서양의 수학과 천문학 분야를 수용하여 연구한 대단한 수학자였어요.

그리고 또 한 명의 뛰어난 수학자가 같은 시대에 살았어요. 이상혁이라는 중인 산원이에요.

이상혁의 뛰어난 점은 수학을 이론화했다는 점이에요. 동양의 수학은 이론으로 일반화하기보다는 실제적인 문제 풀이에 집중했다는 특징을 띠지만 이상혁은 그것을 뛰어넘은 것이지요. 그가 쓴 《익산》이라는 책을 보면 단순히 문제를 푸는 해법을 고민해서 찾아낸 것이 아니라 여러분이 중고등학교에서 배우게 되는 방정식이나 급수와 관련하여 이론적 설명을 하고 그 예를 제시하는 방식으로 자기가 공부한 수학 지식을 체계화

시켰어요. 그 결과로 방정식에 대한 이론을 구조화했고, 그러한 이상혁의 업적은 오늘날의 수학 연구 결과를 능가하는 것도 있어요.

그런데 남병길과 이상혁은 수학적 업적도 뛰어나지만 그것 말고도 주목해서 눈여겨보아야 할 사실이 있어요. 그것은 바로 서로가 신분을 뛰어넘어 수학에 대한 열정을 발휘하고 함께 나누었다는 점이이에요.

조선시대는 잘 아는 것처럼 신분이 다르면 서로 왕래하기가 쉽지 않았어요. 관직에 오를 수 있는 한계도 정해져 있고 서로 만나서 이야기를 할 때에도 따로 예법이 필요하고 심지어 명절 풍속을 행할 때도 시기를 달리 정할 정도로 서로 분리되어 있었기 때문에 마음을 터놓고 의견을 주고받는 일은 극히 예외적인 일이었어요.

그런데 남병길과 이상혁은 신분상의 차이를 극복하고 수학에 대한 뜨거운 마음 하나로 서로를 격려하고 인정하고 함께 연구했거든요.

남병길과 이상혁은 서로의 책에 서문을 써 주었지요. 서문은 책의 얼굴에 해당해요. 책에 담긴 작가의 생각과 의도를 읽을 수 있는 부분인데, 그 집필을 맡길 정도로 두 사람 사이의 신뢰가 깊고 서로의 학문 세계를 이해했다는 말이지요. 그것은 두 사람의 관계가 양반과 중인으로서가 아니라 수학을 연구하는 친구, 곧 공동연구자로서 성립되었다는 것을 말해줘요. 그 결과로 이들은 조선시대를 통틀어 가장 훌륭한 수학적 업적을 남겼어요.

특히 높은 벼슬까지 올랐던 남병길이 대단하지요? 당시 대부분의 양반들은 수학 공부 하는 것을 꺼려했어요. 수학은 중인들이 하는 공부라고 생각했기 때문이지요. 남병길이 이상혁의 책에 쓴 서문에 이런 구절이 있어요.

오늘날 사대부들은 모두 산대로 계산하는 것을 부끄러워한다.
그것을 하찮게 여기는 것인지 할 수 없는 것인지 모르겠다.

    이런 사회 분위기 속에서 마음을 열고 수학을 공부했고 게다가 신분이 낮은 이상혁과 함께 수학을 연구할 정도로 학문에 대한 열정이 강했던 사람이었어요.

    남병길은 《측량도해》와 《유씨구고술요도해》 등의 책을 통해 기존에 나와 있는 문제 풀이에 대한 타당성을 그림을 이용하여 설명했어요. 주어진 문제의 답을 얻는 풀이 방법만을 설명하는 다른 책과 달리 그 방법이 왜 옳은지, 그 타당성을 검증하려는 태도는 한층 발전된 수학 연구의 진면목을 보여주지요. 이상혁의 연구와 통하는 부분이 있지요?

    남병길과 이상혁의 신분을 뛰어넘은 공동 연구는 조선 수학을 크게 발전시켰고 후세에도 본보기가 될 만한 학문하는 자세를 보여주었어요.

마방진, 마법 같은 수학

조선시대에는 중국과의 학문적 교류가 더욱 활발해졌고 따라서 수학 분야에서도 많은 책들이 들어왔어요. 그렇게 전해진 많은 수학책은 그대로 사용되기도 하고 아니면 그것을 바탕으로 우리나라 수학자들이 책을 저술하기도 했어요. 중국 수학책을 기초로 하여 책을 쓸 때는 내용을 그대로 베낀 것이 아니라 우리의 실정에 맞게 고치거나 잘못된 부분을 수정하여 더 나은 수학책을 쓰려고 노력했어요. 그 대표적인 사례가 앞에

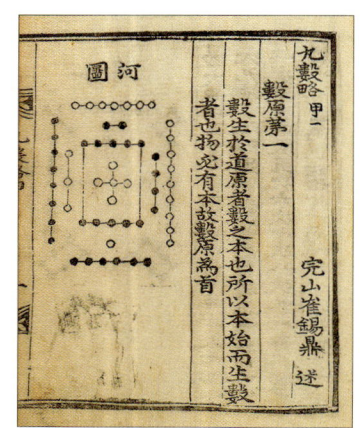

《구수략》에 나오는 마방진

서 만나본 홍정하예요.

예로부터 중국을 비롯한 동양의 수학은 세상의 이치가 수의 조화와 관계가 있다고 생각했어요. 그것은 중국 신화에서 나왔어요. 중국 최초의 국가인 하나라의 우왕은 매년 홍수가 나고 물이 범람해서 백성들이 고통을 받자 물길을 다스린 왕으로 유명해요. 그런데 물길을 다스리는 과정에서 낙수라는 강에서 거북 한 마리가 나왔는데 등에 있는 점 무늬가 눈에 띄었어요. 낙수에서 나와

서 낙서라고 부르는 그 점 배열을 수로 바꾼 것이 오늘날 마방진이라고 부르는 것이에요. 1부터 9까지의 수를 세 줄로 늘어놓았는데 가로, 세로, 대각선 어느 쪽으로 더해도 세 수의 합이 항상 15로 같아서 신비로운 수 배열이라 하는 것이에요.

홍정하가 쓴 《구일집》에도 마방진이 보여요. 백자도라는 것인데 1부터

99	82	79	62	59	42	39	22	19	2
1	20	21	40	41	60	61	80	81	100
3	18	23	38	43	58	63	78	83	98
97	84	77	64	57	44	37	24	17	4
5	16	25	36	45	56	65	76	85	96
95	86	75	66	54	47	35	26	15	6
14	7	34	27	55	46	74	67	94	87
88	93	68	73	48	53	28	33	8	13
91	90	71	70	51	50	31	30	11	10
12	9	32	29	52	49	72	69	92	89

100까지의 수를 겹치는 것 없이 10개씩 10줄로 늘어놓은 그림이에요.

백자도를 잘 보면 가로, 세로, 대각선의 어느 줄을 따라 더해도 열 개 수의 합이 모두 505예요. 신기하죠? 그래서 마법과 같다고 해서 마방진이라고 부르는 거지요.

그런데 16세기 중국에서 인기 절정이었던 정대위의 수학책 《산법통종》에도 이 백자도가 들어 있어요. 홍정하가 그 책을 공부하다가 백자도에서 가로 세로의 합은 모두 505이지만 대각선의 합이 505가 아니라는 것을 알아냈어요. 정대위의 백자도가 틀린 것이지요.

홍정하는 그것을 발견하고 뛸 듯이 기뻤을 거예요. 중국의 유명한 수학책에서 오류를 발견했으니까요. 홍정하는 《구일집》의 제4권과 제9권에 같은 내용을 두 번이나 기록했어요. 그만큼 기뻤다는 말이겠지요. 늘 대단하게 생각하던 중국의 수학책에서 잘못을 찾아냈으니 크게 기뻐할 만하지요.

또한 최석정은 《구수략》이라는 책에서 중국의 수학책에서 찾아볼 수 없는 다양한 마방진을 소개해 놓았어요. 독특한 모양과 방법으로 구성한 다양한 마방진이지요.

우선 낙서오구도라는 것이 있어요.

우리가 알아보기 쉽도록 인도·아라비아 숫자로 나타내면 다음과 같은 그림이에요.

낙서오구도라는 이름에서 짐
작되듯이 1에서 9까지의 배열인
낙서를 기본으로 하여 이후의
수 10부터 33까지를 추가로 배
열한 것인데, 어떤 규칙을 찾았
나요? 힌트는 '오구(5와 9)'라는
이름에 들어 있어요. 낙서의 수
를 각각 중앙에 놓은 십자 모양

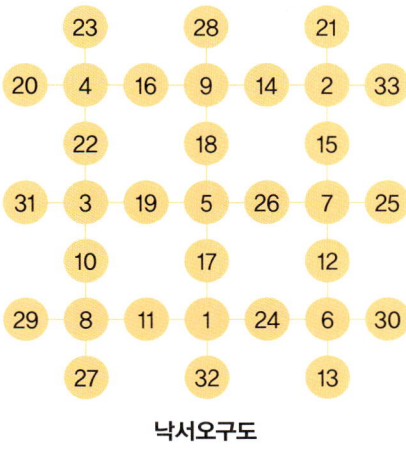

낙서오구도

의 다섯(5) 수의 배열이 아홉 개(9) 보이지요? 그 아홉 세트의 다섯 수의
합이 모두 같도록 배열한 거예요. 처음에 있는 4를 중심으로 한 십자 모
양의 다섯 수 4, 16, 23, 20, 22의 합은 85네요. 9, 2, 3, 5, 7, 8, 1, 6을
중심으로 한 나머지 여덟 세트도 다 마찬가지예요.

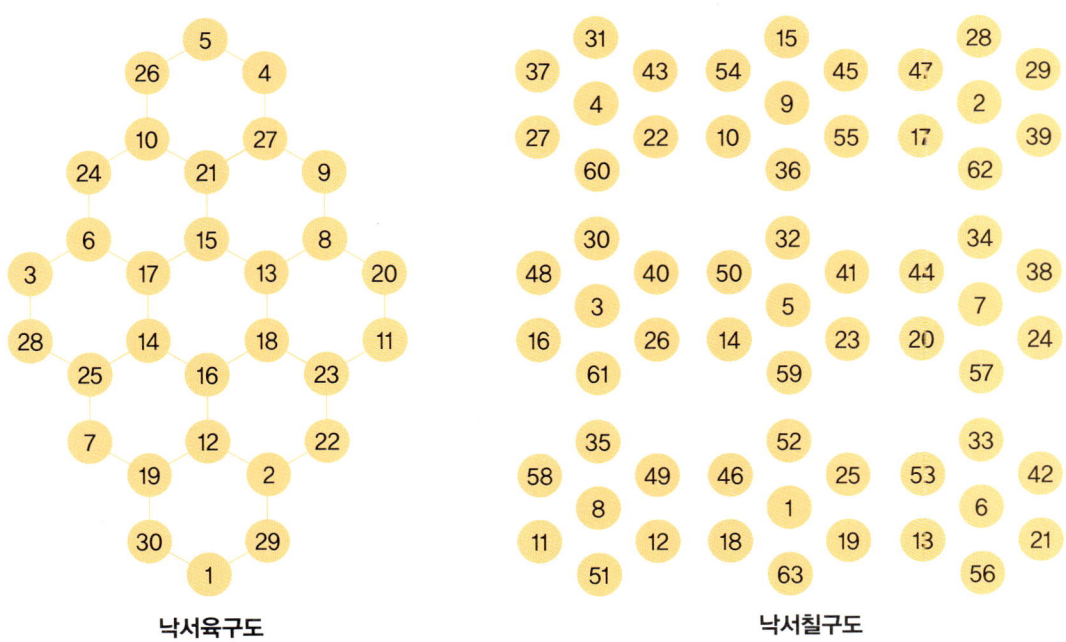

낙서육구도   **낙서칠구도**

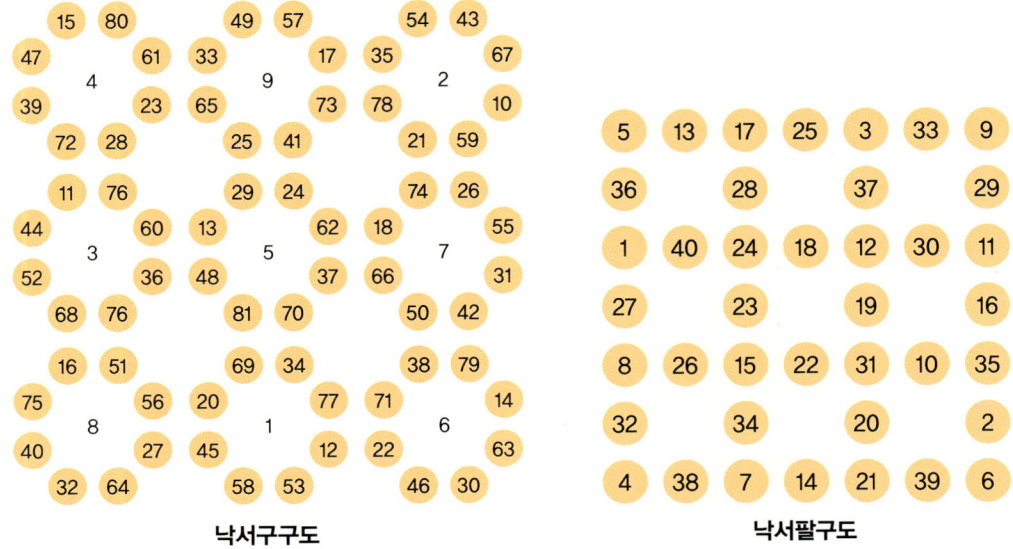

낙서구구도   낙서팔구도

낙서육구도, 낙서칠구도, 낙서팔구도, 낙서구구도도 있어요. 앞의 낙서오구도와 같은 식으로 생각해보면 차례대로 아홉 세트의 합이 같은 여섯 수, 아홉 세트의 합이 같은 일곱 수, 아홉 세트의 합이 같은 여덟 수, 아홉 세트의 합이 같은 아홉 수를 기대해도 되겠지요? 그 합이 각각 얼마인지 알아보세요.

그런데 너무 복잡하다고요? 더 간단한 것도 있어요.

이 배열의 규칙은 무엇일까요?

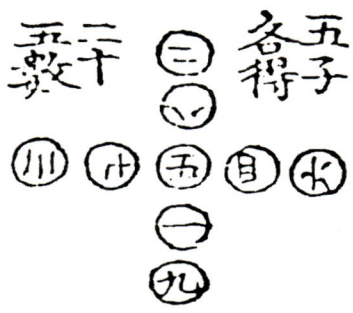

1부터 9까지 수를 십자로 놓았어요. 그런데 가로, 세로 다섯 수의 합이 각각 25네요.

$$2 + 8 + 5 + 1 + 9 = 25$$
$$3 + 7 + 5 + 4 + 6 = 25$$

혹시 다른 규칙도 찾았나요? 그래요. 가운데 5를 중심으로 원을 그려보면 두 원에 있는 4개 수와 가운데 5까지 더하여 각각 역시 25가 되는 것을 알 수 있어요.

$$8 + 7 + 1 + 4 + 5 = 25$$
$$2 + 3 + 9 + 6 + 5 = 25$$

신기하고 재미있지요? 여러분도 한번 마방진을 만들어 보세요.

다양한 수학책들

그럼 이제부터 조선시대 수학자들이 쓴 수학책을 들여다볼까요? 책은 크게 두 가지로 나눌 수 있어요. 하나는 수학에 대한 지식을 이론적으로 설명한 다음 그 이론이 적용된 예를 더한 책이고, 이와 달리 먼저 문제를 낸 다음 그에 대한 답과 풀이를 하는 문제집 형식을 가진 책이 있어요.

수학에 대한 지식을 이론적으로 설명을 먼저 하고 있는 대표적인 책은 앞에서 본 이상혁이 쓴 《익산》이라는 책이에요. 한편 문제가 있고 그에 대한 해답과 풀이가 실려 있는 책은 경선징의 《묵사집산법》과 홍정하의 《구일집》이 대표적이고요. 이렇게 문제에 이어 해답과 풀이를 제시하는 책의 형식은 중국에서 가장 오래된 수학책으로 꼽히는 《구장산술》에서부터 비롯된 것이에요.

여러분이 푸는 문제집을 보면 문제에 번호가 매겨져 있지요? 학교에서 시험을 볼 때도 시험지에 문제의 번호가 있고 그 마지막 번호를 보면 시험문제가 모두 몇 문제인지를 알 수 있어요.

그런데 조선시대의 수학책에 실린 문제들에는 번호가 없어요. 그렇다면 문제가 어디에서 시작해서 어디에서 끝나는지를 어떻게 알까요? 문제의 시작이 어딘지를 알기 위해서는 '금유(今有)'라는 말을 찾아야 해요. 금유는 문제의 시작을 알려주는 말이거든요.

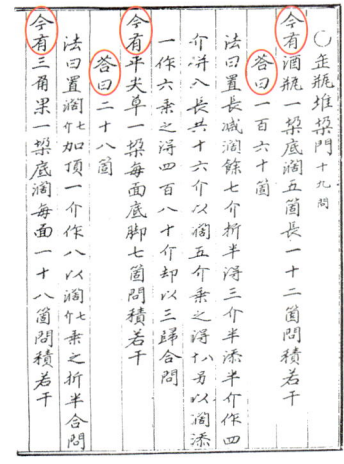

구일집

그리고 해답의 시작은 '답왈(答曰)'이라는 말로 시작되지요. 그리고 풀이법은 '법왈(法曰)' 또는 '술왈(術曰)'이라는 말로 시작해요. 옆의 그림은 《구일집》의 한 쪽인데 '금유'가 세 개 보이니까 세 문제가 적힌 것이에요.

그렇다면 책이 한 권이 아닌 경우에 어떻게 구별할까요? 지금은 제1, 제2, 제3권이라고 하지만 좀 밋밋하잖아요. 예전에는 멋스럽게 이름을 붙여 세 권짜리는 천(天)·지(地)·인(人), 두 권짜리는 건(乾: 하늘)·곤(坤: 땅) 하는 식으로 불렀어요. 그러니까 세 권짜리에서 천은 제1권을 말하고 인은 제3권을 뜻해요.

경선징이 쓴 《묵사집산법》 또한 천·지·인으로 나뉘어 있는데 모두 400여 문제가 실려 있어요. 차례와 내용을 보면 중국의 수학책인 《산학계몽》의 영향을 받았다는 것을 알 수 있어요.

그렇지만 《산학계몽》에는 문제가 모두 259개이고 《묵사집산법》에는 모두 400개의 문제가 실려 있어요. 그것은 문제를 단순히 베낀 것이 아니라 당시의 상황에 맞게 수정하고 보충했음을 말해주고, 같은 문제에 대해서도 방법을 달리하여 독특하게 푼 것이 다수 있어요. 그러니까 조선의 예비 산원들이 수학 공부를 하는 데 도움을 주기 위해 쓴 책으로 보여요.

난 수학 지식을 이론적으로 설명했어.

익산 이상혁 지음

난 문제가 400개나 실려 있어.

묵사집산법 경선징 지음

구일집 홍정하 지음

난 473개!

숙종 때의 최석정이 쓴 《구수략》은 좀 독특한 책이에요. 앞에서 《구수략》에 실린 독특한 마방진을 만나보았지요? 《구수략》이 독특한 이유는 중국의 철학책이며 동양에서 점칠 때 기본으로 여기는 《주역》을 수학과 결합시켰다는 점이에요. 《주역》의 틀에 수학을 맞추어 본 것이지요.

고려시대에 수학 관리들은 점을 치는 관리들과 함께 일을 한 것을 생각해보면 그리 놀랄 일도 아니에요. 그리고 《주역》이 중국을 비롯한 동양 사람들의 생각에 깊이 자리하고 있는 세계관을 제공하고 있다는 면에서 그리 이상할 것은 없어요. 다만 수학 내용을 《주역》의 사상 속에 끼워 맞추다 보니 수학적 관점에서

주역
고대 중국의 철학책. 세상의 이치를 음양의 원리로 설명하지요.

는 억지스럽게 느껴지기도 해요.

홍정하가 쓴 《구일집》 역시 문제가 먼저 나오고 답과 풀이가 뒤이어 나오는 수학책이에요. 《구일집》에는 모두 473개가 넘는 문제가 들어 있어요. 경선징이 쓴 《묵사집산법》보다 더 문제가 많죠?

게다가 문제의 수준이 매우 다양해요. 분수의 연산처럼 아주 쉬운 계산부터 대부분의 사람들이 평생 풀어보거나 구경도 하지 못할 10차방정식을 다룬 문제까지 다양하거든요. 이 책 또한 중국의 수학책을 기본으로 해서 우리의 상황에 맞게 변형시켰어요. 또한 앞에서 보았던 중국의 사신 하국주와의 일화도 이 책에 소개되어 있어요.

난 주역과 결합된 수학책이야.

다양한 책들을 참고했소.

《구일집》에 있는 10차 방정식을 세워 푸는 문제

구승방체, 팔승방체, 칠승방체, 육승방체, 오승방체, 사승방체, 삼승방체, 정육면체, 정사각형이 각각 하나씩 있는데, 부피 및 넓이를 모두 합하면 2044자이다. 이들 각각의 모서리나 변은 모두 같다고 한다. 각각의 길이는 얼마인가?

도움말 정사각형과 정육면체는 알고 있는데 삼승방체부터 구승방체는 어떤 도형일까요? 정사각형, 정육면체가 2차원, 3차원에서 서로 수직인 길이가 모두 같은 모서리로 이루어진 도형이듯이 이것을 4차원 이상으로 일반화하여 삼승방체는 4차원 공간에서 서로 수직인 길이가 모두 같은 네 개의 모서리로 이루어진 가상의 도형이므로 그 부피는 한 변의 네제곱이다. 마찬가지로 10차원 도형인 구승방체의 부피는 한 변의 10제곱이다.

황윤석은 여러 분야를 공부한 매우 박학다식한 사대부였어요. 얼마나 공부에 몰두했던지 말년에는 시력을 잃어 더 이상 책을 볼 수 없을 정도였어요. 공부한 분야도 매우 다양했어요. 자기가 공부한 것을 한데 모아

서 책으로 엮었는데 그 가운데 일부가 수학이에요. 수학을 다룬 책 이름은 《산학입문》과 《산학본원》이에요. 그 내용은 중국과 국내의 책들을 읽고 나서 요약하고 정리한 것이 대부분이에요. 이 책들은 수학의 중요한 주제에 대해 여러 책들을 비교해서 정리해 놓았다는 특징이 있고 다양한 책들을 참고한 만큼 많은 내용과 문제가 실려 있어요.

이상혁은 앞에서 본 대로 경선징이나 홍정하와 같은 중인 산원이지만 뚜렷하게 다른 점이 있어요. 다른 산원의 책들이 문제와 해답 및 풀이로 구성되는 형식을 띠는데 반해 이상혁의 책은 이론적인 설명이 탄탄하다는 차이점을 가지고 있어요.

그것은 남병길과 공동으로 연구를 하면서 다른 산원들과 달리 남병길이 보유하고 있는 많은 수학책들과 중국의 최근 자료들을 많이 접할 수 있었기 때문일 것 같아요. 그중에는 중국 명나라 말기부터 서양의 선교사들을 통해 소개되기 시작한 서양의 수학도 포함되어 있었어요. 이상혁이 쓴 수학책으로 《차근방몽구》, 《산술관견》, 《익산》이 있는데 앞의 두 권은 서양 수학을 소개하는 문제들을 다룬 책이고 한편 《익산》은 설명-예의 형식을 띠고 방정식에 대한 이론을 정립한 수학책이라고 말했죠?

조선시대에는 수학을 어떻게 활용했을까요?

조선 초기에 갑자기 산원들이 많이 필요해졌어요. 그 이유는 산원의 역할 중 토지 측량과 관계가 있어요. 고려가 몰락한 이유 가운데 하나가 토지 때문이에요. 지배층이 많은 토지를 소유하게 되고 그에 따라 나라의 토지가 줄어들면서 나라의 살림이 빈약해졌거든요. 따라서 새로 건

국된 조선은 일단 귀족들의 토지를 몰수해서 새로운 기준으로 측량하여 정비할 필요가 있었어요. 토지를 정비하는 것은 나라의 살림과 직접 연결되는 것이기 때문에 매우 중요한 문제였지요. 따라서 수학에 능한 산원이 많이 필요했던 거지요.

실제로 고려 말에는 80만결이었던 토지가 수학에 대한 관심을 쏟고 새로운 기준에 따라 본격적인 토지 측량을 실시했던 세종 때가 되면 두 배가 넘는 180만결로 크게 늘어났어요. 토지가 늘어나면 세금이 늘고 그것은 곧 나라의 살림이 펴는 것을 뜻하겠죠?

토지 측량에 수학이 필요했음은 중국 고대의 수학책 내용 중에 포함된 문제에서도 확인할 수 있어요. 토지 측량으로 인해 조선시대 초기에 특히 산원의 수요가 늘었고, 따라서 조선시대 수학책 중에도 여러 가지 모양의 토지를 측량하는 문제를 담고 있는 책이 많이 있어요. 다음과 같은 문제들이에요.

- **방전**(정사각형 모양의 밭)이 있는데, 한 변이 49보이다. 넓이는 얼마인가?
- **직전**(직사각형 모양의 밭)이 있는데, 길이가 72보이고 너비가 36보이다. 넓이는 얼마인가?
- **규전**(이등변삼각형 모양의 밭)이 있는데, 높이는 55보이고 밑변은 32보이다. 넓이는 얼마인가?
- **사전**(마름모 모양의 밭)이 있는데, 중장은 60보이고 중광은 32보이다. 넓이는 얼마인가?(여기서 중장과 중광은 두 대각선에 해당한다.)
- **제전**(사다리꼴 모양의 밭)이 있는데, 대두는 8보이고 소두는 6보이고 높이는 12보이다. 넓이는 얼마인가?(여기서 대두와 소두는 사다리꼴의 평행한 두 변을 말한다.)
- **원전**(원 모양의 밭)이 있는데, 둘레는 72보이고 지름은 24보이다. 넓이는 얼마인가?

이 밭의 이름들로부터 그것이 어떤 도형을 말하는 것인지는 풀이 방법을 보고 추론할 수 있어요. 특히 황윤석의 《산학입문》에는 밭의 모양을 알려주는 그림이 들어 있어 우리의 추론을 확인해볼 수 있어요.

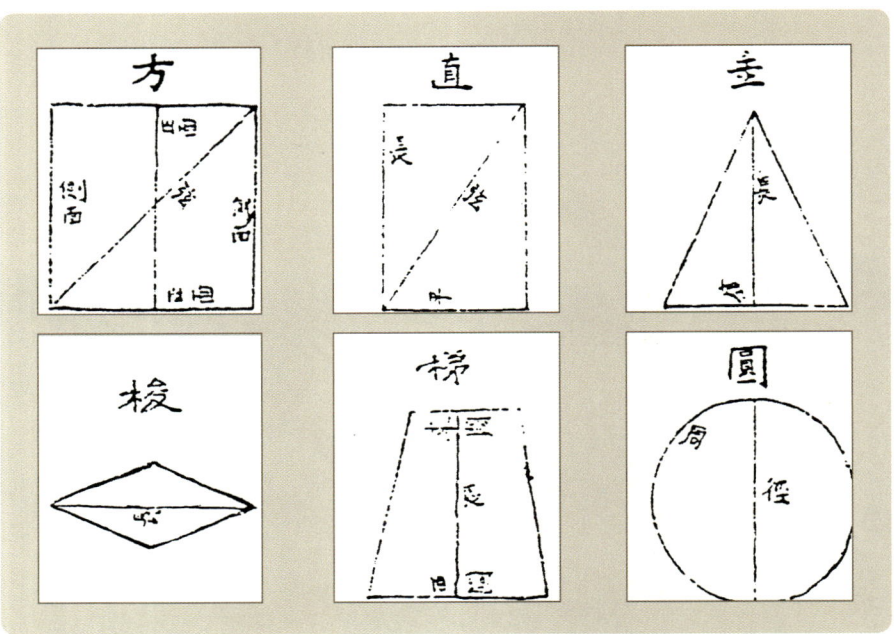

윗줄 왼쪽에서부터 시계 방향으로 방전, 직전, 규전, 원전, 제전, 사전
을 말하며 각각 정사각형, 직사각형, 이등변삼각형, 원, 사다리꼴, 마름
모에 해당하는 평면도형이에요.

위의 문제들 외에 다음과 같이 다양한 형태도 다루었어요.

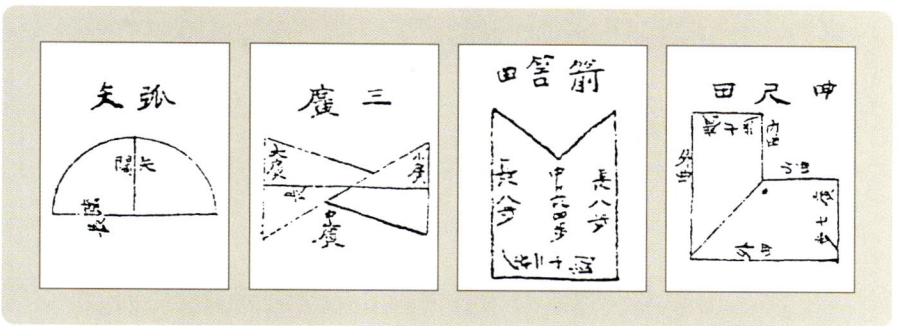

토지의 모양에 따라 그 넓이 구하는 방법을 이용하는 문제이므로 결
국 평면도형의 넓이를 구하는 방법에 대한 것이에요. 토지의 실제 모양
은 여기에 나온 그림보다 훨씬 다양했겠지만 대체로 이러한 모양 중 가
장 비슷한 모양을 띤 어느 하나로 근사시켜 생각하면 충분했어요. 실제
로 주어진 토지의 넓이를 구할 때 그 모양을 정사각형, 직사각형, 이등변
삼각형, 직각삼각형 정도로 대략적으로 생각하여 계산한 값에 만족했다
고 해요.

앞에서 본 대로 조선의 네 번째 왕이었던 세종은 정인지에게 《산학계
몽》이라는 수학책에 대해 강의를 들을 정도로 임금 스스로가 수학 공부
에 열심을 보였어요. 또한 세종은 신분을 가리지 않고 수학을 배우라고
권유하기도 하고 인재를 뽑아 중국으로 유학을 보내기도 했어요.

이렇게 수학의 장려와 발전 속에서 가장 눈에 띄는 부분은 과학 기술

의 발전이 더불어 있었다는 점이에요. 특히 세종 때에 적극적으로 과학을 부흥시키고 장려하면서 많은 과학 발명품이 쏟아졌고 과학 기술도 크게 발전했어요. 여러분이 잘 알고 있는 것처럼 과학적 소질이 뛰어났지만 노비였던 장영실을 신분에 상관없이 과감하게 발탁해서 벼슬을 내리기도 했지요.

강수량을 측정하는 측우기, 시간을 알려주는 자격루, 별의 이동을 관측할 수 있는 혼천의 등을 비롯한 많은 발명품을 비롯해서 세계를 이해하기 위한 여러 지도, 물의 높이를 재는 수표 등이 이 시대에 선보였어요.

특히 조선시대 초기에 천문학이 크게 발전을 했어요. 당시 동양 사람들은 하늘을 매우 중요하게 생각했거든요. 실제로 농업을 주로 했기 때문에 하늘을 살피는 일은 생활과 직접 연결되는 부분이기도 했지요. 게다가 임금의 권위가 하늘에서 온다고 생각했기 때문에 하늘의 마음을 아는 것은 매우 중요했지요.

그래서 고려 때와 마찬가지로 조선이 하늘에 대해 연구하는 것을 중국이 못마땅하게 생각하기도 했어요. 하늘의 일은 중국이 담당하는 것이라고 생각했는데 조선이 독자적으로 연구를 했으니 거슬렸던 것이지요.

조선시대에 과학도 크게 발전했지만 또 하나 수학과 관련해서 눈에 띄는 것은 시장의 발달이에요. 인구가 늘어나면서 과거의 물물교환이나 물품화폐에서 벗어나 화폐를 본격적으로 사용하기 시작했어요. 조선 후기로 가면 나라에서 거둬들이는 세금도 더 이상 물건으로 내지 않고 화폐로 내기 시작하거든요.

또한 곳곳에 시장이 생기면서 정확한 도량형이나 엄밀한 계산이 필요해졌지요. 고려시대까지는 큰 도시 이외에는 정기적인 시장이 별로 나타

나지 않았지만 조선시대가 되면 5일마다 열리는 5일장을 비롯해서 전국 곳곳에 향시라고 불리는 시장이 특히 발달하게 돼요. 지금은 대형 마트나 편의점이 생기면서 재래시장이 약해졌지만 지방에 가면 아직도 5일장 등 다양한 형태의 시장이 있어서 사람들이 물건을 사고팔아요.

시장에는 물건의 정확한 양과 가격을 측정해주고 대가를 받는 사람들이 있었어요. 이때 길이, 들이, 무게를 뜻하는 도량형이 매우 중요했겠지요. 손해를 보지 않기 위해서는 도량형이 정확해야 하니까요. 앞에서 황종관이라는 피리로 도량형의 기준을 만들었다는 것을 보았지요?

황종관은 도량형뿐만 아니라 음의 기준이 되었기 때문에 매우 중요했어요. 오늘날 사용하는 서양 음계의 기본음이 '도'이듯이 황종은 조선

음악의 음계인 십이율의 기본음을 말해요. 그런데 황종관은 기장 낱알을 이용하여 길이를 정하므로 사용하는 기장 알의 크기에 따라 기준이 되는 길이가 달라질 수밖에 없어요. 지역에 따라 기장의 종류가 달랐고 같은 지역이라도 날씨가 가물면 알이 자잘해지는 등 당시 기후에 따라 기장의 길이가 달라지는 것이 당연해요. 그러니까 세종 당대의 최고 음악가 박연은 중국의 황종관과 어울리는 우리 조선의 기장을 구하여 기준을 정하는 방법에 대해 왕에게 좋은 아이디어를 아뢰기도 했어요.

앞에서 황종관은 기장 90알을 늘어놓은 길이라고 했어요. 그 길이를 9치로 정했으므로 기장 100알의 길이가 10치가 되고 10치는 1자예요. 이 1자를 황종척이라고 불러요. 황종척은 지금으로 하면 34.7센티미터예요.

그리고 다시 황종관을 기준으로 무게와 들이를 정했어요. 들이는 기장 1200알을 황종관에 담아 기준 1작으로 삼고, 무게는 황종관에 우물물을 가득 채워 그 무게를 88로 나누어 10리로 삼는 방식이었어요.

이렇게 세종 때 완비된 도량형은 대한제국이 도량형을 담당하는 평식원이라는 관청을 세우고 도량형의 근대화를 추진하는 1902년에 이르기까지 공식적으로 사용되었어요. 그 시기에 채택된 근대적 도량형이 오늘날 우리가 사용하는 표준 도량형인 미터법이에요. 미터법은 1795년 프랑스에서 정해진 거예요. 그러나 오늘날도 재래시장에 가면 전통 단위인 근이나 되와 같은 말을 어렵지 않게 들을 수 있어요.

조선시대의 천문관측 기구와 기관

과학의 발전은 조선시대, 특히 조선 초기의 특징 가운데 하나예요. 세종을 중심으로 많은 과학 발명품이 있다는 것은 이미 알고 있어요. 그렇지만 그것이 하루아침에 이루어진 것은 아니에요. 수학 제도를 정비하고 과학 발전을 위한 초석을 놓으려는 임금 스스로의 노력이 있었기 때문에 가능했던 일이지요. 《조선왕조실록》의 세종대를 보면 다음 기록이 있어요.

산학은 비록 술수에 지나지 않는다고 하지만 국가의 행정에는 필수적인 기술이다. 역대 왕조가 모두 산학을 중요하게 생각한 것은 이 때문이다.

여기에는 수학이 기술로 대접받던 시대였지만 나라를 운영하는 데 필요한 중요한 기술이기 때문에 장려해야 한다는 세종의 생각이 담겨 있어요.

조선시대에도 여전히 천문학이 중요했어요. 다시 말하지만 농사를 기본으로 삼는 나라는 하늘의 변화를 꼼꼼히 살펴야 했으니까요. 몇 년씩 가뭄이나 홍수가 계속되면 백성들의 삶이 매우 힘들어졌고 그 이유가 왕에게 있다고 믿었기 때문에 왕은 하늘의 변화에 늘 신경을 써야 했어요.

조선시대 초기의 천문관측 기구의 발명은 눈이 부실 정도예요. 중국에서도 비밀로 하는 천문 기술을 밝혀내기 위해 많은 사람들이 밤잠을 설쳐가며 연구를 거듭했고 마침내 세종 15년에 행성의 움직임과 위치를 파악하는 기구인 혼천의를 간소화한 간의를 만들어냈어요. 그리고 세종 19년에는 천문관측을 위한 기구가 모두 갖추어져, 기록에 따르면 혼의·혼상·규표·간의 등과 자격루·앙부·천평·현주일구 등을 모두 제작했다고 해요.

이 가운데 앙부·천평·현주일구는 모두 해시계였는데 이 가운데 앙부일구는 일반 사람들에게도 공개되었어요. 또한 자격루는 물시계인데 이전에 있던 것과 달리 정해진 시간에 종과 징을 울려 시각을 자동으로 알려주는 물시계였어요. 지금 당장이라도 덕수궁이나 국립고궁박물관에

혼천의	하늘에 있는 행성, 별 등의 움직임을 관찰하는 기구로, 1433년(세종 15년)에 만들어졌다고 합니다.
앙부일구	최초의 해시계로 1437년(세종 19년)에 장영실 등에 의해 처음 만들었습니다.
자격루	물이 흐르는 것을 이용하여 스스로 소리를 나게 해서 시간을 알리도록 만든 것으로 당시로는 최첨단 시계라고 할 수 있어요. 1434년 세종대왕이 장영실 등에게 명령해 만들었다고 합니다.

가면 어떻게 생긴 것인지 볼 수 있어요.

지금이야 어디를 가도 시계가 있고 많은 사람들이 손목에도 차고 다니지만 당시에는 시계가 없었어요. 시간이 얼마나 흘렀는지를 알 수 없었다는 말이지요. 따라서 해시계나 물시계를 만들어 시간을 알 수 있게 된 것은 매우 중요한 일이에요. 세상을 이루고 있는 가장 중요한 두 가지, 즉 시간과 공간 가운데 하나인 시간을 정확하게 알게 되었으니까요.

또한 고려시대까지 중국의 역법을 사용했지만 천문관측 기구를 개발하면서 우리나라도 역법책을 만들어냈어요. 오늘날 달력과 같이 시간을 관리하는 체계를 만들어 낸 것이지요. 고려시대까지는 중국의 선명력이나 수시력을 사용했다는 것은 앞에서 보았어요.

그렇지만 세종 때 선명력과 수시력의 차이를 비교 검토해서 잘못된 점을 수정하고 《칠정산내편》과 《칠정산외편》이라는 책을 편찬해서 우리 상황에 맞는 역법을 만들어 내었어요. 하늘의 변화를 살피는데 중국의 하늘을 기준으로 삼지 않고 우리의 하늘을 기준으로 삼았다는 점에서 의미 있는 일이지요.

우리나라의 하늘을 기준으로 삼아야 우리가 보는 하늘의 정확한 움직임을 예측할 수 있었겠죠?

이때 다른 나라의 수학은 어땠을까요?

아라비아의 수학을 수용하면서 수학계의 새로운 별로 등장하는 지역이 있지요? 바로 유럽입니다. 우리가 흔히 동양 수학과 대비시켜 서양 수학이라고 할 때 말하는 지역이지요.

서양의 수학자 하면 누가 떠오르나요? 가우스? 데카르트? 아마도 여러분이 알고 있는 수학자 중 대부분은 17세기 이후 서양에서 활동한 수학자일 거예요. 중세 암흑기를 지나 근대 과학의 발달과 함께 엄청난 수학적 발전을 이루게 되는 것이 이즈음의 일이니까요.

17세기에 가장 두드러진 수학적 발전은 미적분학의 탄생과 관련 있어요. 미적분학은 여러분이 고등학생이 되면 배울 기회가 있는 수학 분야인데, 오늘날 수학 자체뿐만 아니라 과학의 다양한 분야를 비롯하여 공학, 경제학 등 현대 과학 생활의 발전에 응용되는 아주 중요한 역할을 하고 있어요. 그 출발이 17세기 독일의 라이프니츠(1646~1716)와 영국의 뉴턴(1642~1727)에 의해서 이루어졌어요. 두 사람은 각자 독자적으로 미적분의 초기 개념인 동일한 아이디어에 주목했는데 이로부터 미적분학을 누가 먼저 발견했는가 하는 논쟁은 국가 간 싸움으로 번졌어요.

처음에는 수학자 개인 간의 싸움이었으나, 곧 양 국가 간에 자존심이 걸린 싸움으로 변질되었어요. 결과적으로 영국은 유럽 대륙의 수학과 타협하지 않고 라이프니츠의 편리한 기호를 외면한 탓에 수십 년이나 수학 발전에서 뒤처지는 불이익을 겪어야 했어요. 오늘날 후세들은 두 수학자의 독립적인 출발을 인정하고 있는데 그렇다면 결국 영국만 손해를 본 셈이네요. 또한 이 시기에 프랑스의 수학자 파스칼(1623~1662)은

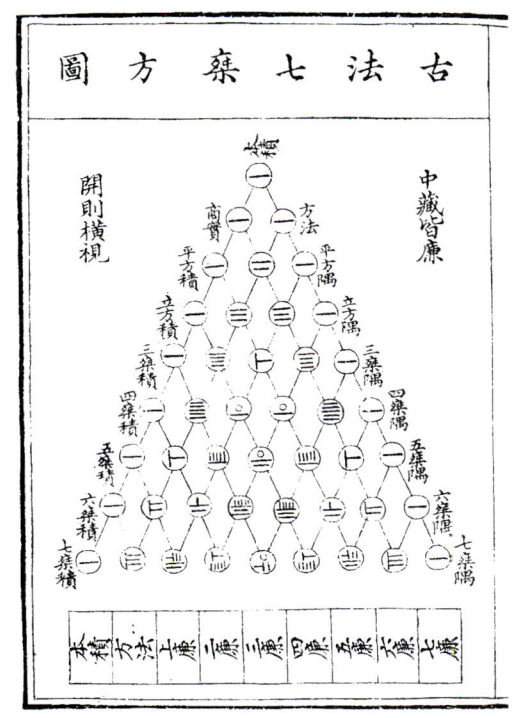

《사원옥감》에 나오는 파스칼 삼각형

최초의 계산기를 발명하여 오늘날 정보과학시대의 기초를 놓았으며 파스칼의 삼각형을 고안했어요. 이 삼각형은 일정한 규칙에 따라 삼각형 모양으로 놓인 수 배열을 말하는데 그 속에는 대수와 확률 등에 응용되는 다양한 지식이 들어 있지요. 그런데 공교롭게도 이것은 중국 수학자 가헌이 이미 11세기에 찾아냈던 거예요. 파스칼의 삼각형이 아니라 가헌의 삼각형이라 할 만하죠.

　18세기에는 미적분학의 연구가 더욱 발전하면서 스위스의 수학자 집안인 베르누이 가문 출신의 야곱 베르누이, 요한 베르누이 형제가 다양한 수학적 업적을 쌓고 또 널리 전파시켰어요. 또한 기하 분야에서의 오

일러의 수많은 업적에 대해 앞으로 학교에서 자주 접하게 될 거예요.

18세기부터 19세기에 이르기까지 활동한 대표적인 수학자는 가우스 (1777~1855)예요. 가우스는 아홉 살 때 1부터 40까지의 합을 순식간에 구해낸 어린 꼬마 가우스로 더욱 유명하지요? 그의 이름이 들어있는 가우스-요르단 소거법이란 것이 있는데 이것은 행렬을 이용하여 연립방정식을 푸는 방법이에요. 미지수가 들어 있어 그 미지수의 값에 따라 식이 성립하기도 하고 안 하기도 하는 등식을 방정식이라 하지요. 식에 여러 개의 미지수가 들어 있다면 그 미지수를 구하기 위해 조건, 즉 방정식도 미지수만큼 주어져야 하고, 그렇게 여러 개의 방정식인 연립방정식을 푸는 방법을 말하는 것인데, 이 방법이야말로 중국 최초의 수학책《구장산술》에 나오는 방법이에요. 거기서는 방정술이라 일컬었고 우리가 부르는 방정식이라는 이름도 바로 거기에서 온 거예요.

　이처럼 17세기 이후 서양 수학은 엄청난 속도와 규모로 발전하게 되지만 그 성과 중 일부는 수십 세기 전에 동양 수학에서 이미 출현했던 것이라는 점이 주목할 만하지요. 그럼 왜 중국을 비롯한 동아시아의 수학은 이른 시기의 수학 발전을 금세기로 이어가지 못하고 주도권을 서양에 내어 주어야만 했을까요? 여러분도 한번 생각해보세요.

글을 마치며

조선시대 이후의 우리나라 수학은 서양수학이 급작스레 들어오면서 많은 변화를 거친 것이 오늘날의 근대 수학이라고 생각하면 돼요. 1900년대 초의 근대화된 학교에서 사용된 수학 교과서 속에는 전통 수학이 사라지고 서양의 근대 수학이 담겨 있어요. 사실 조선 이후 우리의 역사는 주도권의 상실과 전쟁이라는 역사적 상황 속에서 우리 고유의 학문을 연구할 여유가 없었던 것이 사실이거든요.

일제강점기와 한국 전쟁을 겪는 동안에 근대 수학을 수용하게 되고 현대식 교육으로의 급속한 전환을 맞이하면서 우리는 주체적이지 못한 채 현대화된 학문을 받아들였고 세계화 속에 매우 빠른 속도로 합류하게 된 것이지요.

좀 더 시야를 넓혀 동·서양의 수학에 대해서도 잠깐 생각해봐요. 중·고등학교를 졸업한 지 꽤 오래된 어른들에게 피타고라스의 정리에 대해 여쭤보면 그 내용은 잘 기억하지 못해도 이름은 다 들어봤던 기억이 남아 있을 거예요. 파스칼의 삼각형도 마찬가지 경우에 해당해요. 그런데 앞서 보았듯이 똑같은 아이디어가 중국에도 있었어요. 구고술이라든지 가헌의 삼각형 말이에요. 더욱이 가헌은 파스칼보다 600여 년을 앞선 사람이거든요.

 양쪽 수학을 비교해볼 때 동일한 아이디어나 원리에 대해 유럽보다 앞선 중국의 발자국이 있었던 경우가 많이 있었지만 중국과 서양의 학문적 교류를 통한 중국의 현대화 과정에서 중국의 전통 수학은 수학의 세계화 흐름에 파묻히고 말아요.

 서양식 학교 설립 및 서양 세계에서의 유학 등에 힘입어 중국에서의 수학은 현대 수학의 발달로 이어지거든요. 이런 흐름 속에 결국 최종의 학문적 주도권은 서양 유럽이 차지하여 오늘날 많은 수학적 성과에 서양 수학자들의 이름이 남게 된 거예요.

 이렇듯 서양 수학 위주의 학문적 풍토에서 우리의 전통 수학에 대해 알고 생각해 보아야 할 필요에서 이 책을 쓴 거예요. 우리의 전통 수학에 대해 얘기할 때 과연 우리 고유의 전통 수학이 있는지에 대해 의문시하는 사람들도 있어요.

 우리 수학의 원류를 거슬러 오르면 결

국 다 중국의 수학이 아니냐는 말이죠. 우리나라의 전통 수학이 중국에서 들어온 수학에 뿌리를 두고 있고 지속적인 영향 아래 있었다는 것은 사실이에요.

앞에서 보았듯이 우리 전통 수학에서 빼놓을 수 없는 계산 도구인 산대도 중국에서 들어온 것이고, 수학 교과서로 중요한 역할을 했던《구장산술》도 중국의 것이니까요. 그러나 주의할 것은 우리의 수학이란 것이 창조의 의미만을 지니는 것은 아니라는 점이예요.

문화, 그리고 학문은 어차피 많은 사람들이 공유하려고 만드는 거예요. 자기가 만든 것은 아니지만 그것을 받아들여 어떻게 사용하고 발전시키느냐가 중요한 거지요. 컴퓨터를 우리나라에서 만들었나요? 아니에요. 그런데 오늘날 우리나라는 IT강국으로서 세계에서 주도권을 잡고 있잖아요.

마찬가지로 중국에서 들어온 수학책이고 계산 도구였지만 우리의 선조들은 그것을 우리 실정에 맞게 적극적으로 활용할 줄 알았어요. 중국에서 수학책과 계산 도구가 다 사라진 뒤에 우리나라에서 거꾸로 가져간 경우도 여러 번 있지요.《산학계몽》이란 책도 그랬고, 산대도 그랬다는 것을 앞에서 보았지요?

오늘날 미국에서 출간된 어떤 책에는 산대를 Korean Rods라고 소개할 정도예요.

우리는 우리의 전통 수학이라고 자신 있게 부를 만한 우리 선조들이 연구한 수학이 있습니다. 다만 후손인 우리들이 우리의 전통 수학을 소홀히 여겨 제대로 알고 있지 못한 것이 안타까울 뿐이지요.

도움 준 자료

조선시대 수학책

경선징, 《묵사집산법(천 · 지 · 인)》, 유인영 · 허민 역, 교우사, 2006.

남병길, 《유씨구고술요도해》, 유인영 · 허민 역, 교우사, 2006.

_____ 《측량도해》, 유인영 · 허민 역, 교우사, 2006.

이상혁, 《차근방몽구》, 호문룡 · 이재실 · 허민 역, 교우사, 2006.

_____ 《익산(상 · 하)》, 홍성사 역, 교우사, 2006.

_____ 《산술관견》, 김상미 · 허민 역, 교우사, 2006.

최석정, 《구수략(건 · 곤)》, 정해남 · 허민 역, 교우사, 2006.

홍대용, 《담헌서 외집》 4, 5, 6권 《주해수용》, 김동기(역), 한국민족추진회.

홍정하, 《구일집(천 · 지 · 인)》, 강신원 · 장혜원 역, 교우사, 2006.

황윤석, 〈이수신편〉 제21권 《산학입문》, 강신원 · 장혜원 역, 교우사, 2006.

_____ 〈이수신편〉 제22권 《산학입문》, 강신원 · 장혜원 역, 교우사, 2006.

_____ 〈이수신편〉 제23권 《산학본원》, 강신원 · 장혜원 역, 교우사, 2006.

그 밖의 책

강신항, 《계림유사》〈고려방언〉연구, 성균관대학교출판부, 1991.

국립중앙박물관, 《고려시대를 가다》, 2009.

김부식, 《삼국사기》, 이강래 역, 한길사, 1998.

김용운, 《수학이야기》, 계림출판사, 2006.

김용운 · 김용국, 《한국수학사》, 살림Math, 2009.

일연, 《삼국유사》, 김원중 역, 을유문화사, 2004.

장혜원, 《산학서로 보는 조선수학》, 경문사, 2006.

장혜원, 《청소년을 위한 동양수학사》, 두리미디어, 2006.

장혜원, 《수학박물관》, 성안당, 2010.

인터넷 사이트

인터넷 한겨레 www.hani.co.kr. 땅이름/청천, 서흥, 방산, 곡산/임진강, 적성

인터넷 과학신문 사이언스타임즈 www.sciencetimes.co.kr

그림 자료

21쪽, 상아로 만든 산대, 온양민속박물관

21쪽, 나무로 만든 산대, 국립민속박물관

42쪽, 국립민속박물관

136쪽, 《구수략》, 연세대학술정보원